PAZ
É CADA PASSO

Dados Internacionais de Catalogação na Publicação (CIP)
(Câmara Brasileira do Livro, SP, Brasil)

Nhat Hanh, Thich
  Paz é cada passo : o caminho da atenção plena
Thich Nhat Hanh ; prefácio por Sua Santidade o Dalai Lama ;
tradução de Maria Goretti Rocha de Oliveira. – Petrópolis, RJ :
Vozes, 2019.

  Título original : Peace is every step : the path of mindfulness in everyday life

  2ª reimpressão, 2024.

  ISBN 978-85-326-6183-8

  1. Vida religiosa – Budismo I. Lama, Dalai. II. Título.

19-26948   CDD-294.3444

Índices para catálogo sistemático:

1. Vida religiosa : Budismo   294.3444

Cibele Maria Dias – Bibliotecária – CRB-8/9427

THICH NHAT HANH

PAZ
É CADA PASSO

O caminho da atenção plena

PREFÁCIO POR SUA SANTIDADE O **DALAI LAMA**

Tradução de Maria Goretti Rocha de Oliveira

EDITORA VOZES

Petrópolis

© 1991 by Thich Nhat Hanh
Tradução publicada mediante acordo com Bantam Books, um selo da Random House, uma divisão da Penguin Random House LLC.

Tradução do original em inglês intitulado *Peace is Every Step – The Path of Mindfulness in Everyday Life*

Direitos de publicação em língua portuguesa – Brasil:
2019, Editora Vozes Ltda.
Rua Frei Luís, 100
25689-900 Petrópolis, RJ
www.vozes.com.br
Brasil

Todos os direitos reservados. Nenhuma parte desta obra poderá ser reproduzida ou transmitida por qualquer forma e/ou quaisquer meios (eletrônico ou mecânico, incluindo fotocópia e gravação) ou arquivada em qualquer sistema ou banco de dados sem permissão escrita da editora.

CONSELHO EDITORIAL

Diretor
Volney J. Berkenbrock

Editores
Aline dos Santos Carneiro
Edrian Josué Pasini
Marilac Loraine Oleniki
Welder Lancieri Marchini

Conselheiros
Elói Dionísio Piva
Francisco Morás
Gilberto Gonçalves Garcia
Ludovico Garmus
Teobaldo Heidemann

Secretário executivo
Leonardo A.R.T. dos Santos

PRODUÇÃO EDITORIAL

Aline L.R. de Barros
Marcelo Telles
Mirela de Oliveira
Otaviano M. Cunha
Rafael de Oliveira
Samuel Rezende
Vanessa Luz
Verônica M. Guedes

Conselho de projetos editoriais
Isabelle Theodora R.S. Martins
Luísa Ramos M. Lorenzi
Natália França
Priscilla A.F. Alves

Editoração: Ana Lucia Q.M. Carvalho
Diagramação: Sheilandre Desenv. Gráfico
Revisão gráfica: Lindsay Viola
Capa: Érico Lebedenco
Ilustração de capa: © Plum Village Community of Engaged Buddhism

ISBN 978-85-326-6183-8 (Brasil)
ISBN 978-0-553-35139-2 (Estados Unidos)

Este livro teve sua primeira edição em português pela Editora Rocco em 1993.

Este livro foi composto e impresso pela Editora Vozes Ltda.

Sumário

Prefácio, 9
Introdução do editor, 11

Parte I – Respire! Você está vivo, 17
Vinte e quatro horas novinhas em folha, 19
O dente-de-leão está com o meu sorriso, 21
Respirar conscientemente, 23
Momento presente, presente maravilhoso, 24
Pensar menos, 26
Nutrindo a consciência a todo instante, 28
Sentar em qualquer lugar, 31
Sentar em meditação, 32
Sinos da atenção, 34
O biscoito da infância, 36
Meditando numa tangerina, 37
A Eucaristia, 38
Comer com atenção, 39
Lavando pratos, 42
Andar em meditação, 43
Meditar ao telefone, 45
Meditar ao volante, 47
Des-compartimentalização, 50
Respirar e ceifar, 52
Ausência de propósito, 53
Nossa vida é uma obra de arte, 55

Esperança como um obstáculo, 57
Lampejos da flor, 59
Sala da respiração, 61
Continuando a jornada, 64

Parte II – Transformação e cura, 65
O rio dos sentimentos, 67
Sem cirurgia, 69
Transformando sentimentos, 70
Atenção plena da raiva, 73
Esmurrando o travesseiro, 76
Caminhando em meditação com a raiva, 78
Cozinhando nossas batatas, 79
As raízes da raiva, 81
Formações internas, 82
Convivência, 85
Tal como é, 86
Examinando a própria mão, 87
Pai e mãe, 88
Nutrindo sementes saudáveis, 91
O que está dando certo?, 95
Culpar nunca ajuda, 96
Compreensão, 97
Amor verdadeiro, 98
Meditar na compaixão, 99
Meditar no amor, 102
Meditando abraçados, 103
Investimento da amizade, 105
É uma grande alegria abraçar seu neto, 106
A comunidade do viver consciente, 107
Atenção plena deve ser engajada, 109

Parte III – Paz é cada passo, 111
Interser, 113
Flores e lixo, 115
Promovendo a paz, 118
Não são dois, 119
Curando as feridas da guerra, 121
O sol do meu coração, 123
Olhando em profundidade, 124
A arte de viver consciente, 126
Nutrindo a consciência, 129
Uma carta de amor ao seu parlamentar, 131
Cidadania, 132
A ecologia da mente, 134
As raízes da guerra, 135
Como uma folha, temos muitas hastes, 137
Estamos todos ligados uns aos outros, 139
Reconciliação, 141
Me chame pelos meus verdadeiros nomes, 143
Sofrer nutre compaixão, 146
Amor em ação, 148
O rio, 151
Entrando no século XXI, 154

Prefácio

Por Sua Santidade o Dalai Lama

Embora seja difícil estabelecer a paz no mundo pela transformação interior dos indivíduos, este é o único caminho. Em todo lugar que vou, eu digo isso, e fico animado em ver que pessoas de camadas sociais distintas aceitam bem a ideia: a paz deve ser primeiramente desenvolvida no indivíduo. E acredito que o amor, a compaixão e o altruísmo são os alicerces fundamentais da paz. Quando essas qualidades estão desenvolvidas no interior de alguém, ele ou ela é capaz então de criar um clima de paz e harmonia. Esse clima pode ser expandido e ampliado a partir do indivíduo para sua família, da família para a comunidade e, eventualmente, para todo o mundo.

Paz é cada passo – O caminho da atenção plena é um guia para uma jornada exatamente nessa direção. Thich Nhat Hanh começa ensinando como respirar conscientemente e estar consciente dos pequenos atos em nossas vidas cotidianas, depois nos mostra como usar os benefícios da atenção e concentração para transformar e curar estados psicológicos difíceis. Finalmente, ele nos mostra a conexão entre a paz interior, pessoal, e a paz na Terra. Este é um livro de muito valor. Pode mudar as vidas dos indivíduos e a vida da nossa sociedade.

Introdução do editor

Enquanto eu caminhava devagar e atentamente por uma floresta de carvalhos verdes hoje de manhã, surgiu no horizonte um brilhante sol vermelho-alaranjado. Isso logo me fez lembrar de imagens da Índia, onde um grupo nosso se juntou ao Thich Nhat Hanh um ano antes para visitar os lugares onde o Buda havia ensinado. Em uma caminhada até uma caverna perto de Bodh Gaya, nós paramos em um campo cercado de arrozais e recitamos este poema:

> Paz é cada passo.
> O brilhante sol vermelho é meu coração.
> Cada flor sorri comigo.
> Como é verde e vicejante tudo o que brota!
> Como é refrescante o vento que sopra!
> A paz é cada passo.
> Ela transforma o caminho sem fim em alegria.

Essas linhas resumem a essência da mensagem de Thich Nhat Hanh: a paz não é algo externo ou a ser procurado ou alcançado. Viver conscientemente, desacelerando e aproveitando cada passo e cada respiração, é o suficiente. A paz já está presente em cada passo, e se andarmos dessa maneira, uma flor brotará sob os nossos pés a cada passo. Na verdade, as flores vão sorrir para nós e nos felicitar ao longo do caminho.

Eu conheci Thich Nhat Hanh em 1982, quando ele participou da conferência *Reverence for Life* (Reverência pela vida) em Nova York. Eu fui um dos primeiros budistas americanos que ele tinha encontrado, e ele ficou fascinado com o fato de eu me parecer, me vestir e, até certo ponto, agir como os noviços que ele havia treinado no Vietnã por duas décadas. Quando o meu professor, Richard Baker-roshi, convidou-o para visitar o nosso centro de meditação em São Francisco no ano seguinte, ele aceitou com alegria, e a partir daí começou uma nova fase na vida extraordinária desse gentil monge, a quem Baker-roshi descreveu como sendo "um cruzamento entre uma nuvem, um caracol e uma peça de maquinaria pesada – uma verdadeira presença religiosa".

Thich Nhat Hanh nasceu no Vietnã Central em 1926 e foi ordenado monge budista em 1942, aos dezesseis anos. Depois de apenas oito anos, ele cofundou o que viria a ser o principal centro de estudos budistas no Vietnã do Sul: o Instituto Budista An Quang.

Em 1961, Nhat Hanh foi aos Estados Unidos para estudar e ensinar religião comparativa nas universidades de Colúmbia e Princeton. Mas, em 1963, os seus colegas monges lhe telegrafaram do Vietnã pedindo que voltasse para casa para se unir a eles no trabalho de pôr um fim na guerra, após a queda do opressivo regime de Diem. Ele voltou imediatamente e ajudou a liderar um dos grandes movimentos de resistência pacífica do século, totalmente embasado nos princípios de Gandhi.

Em 1964, Thich Nhat Hanh, com um grupo de professores universitários e estudantes fundou no Vietnã a Escola da Juventude pelo Serviço Social, chamada pela imprensa americana de "pequeno Corpo de Paz", onde grupos de jovens iam para a zona rural fundar escolas e postos de saúde, e posteriormente reconstruir aldeias que tinham sido bombardeadas. No tempo da queda de Saigon, havia mais de 10.000 monges, monjas e jovens assistentes sociais envolvidos no trabalho. No mesmo ano, ele ajudou a fundar a Editora La Boi, que se transformaria numa das editoras de maior prestígio no Vietnã. Em seus livros e como chefe editorial da publicação oficial da Igreja Budista Unificada, Thich Nhat Hanh pedia reconciliação entre as partes conflitantes no Vietnã, e, por isso, os seus escritos foram censurados por ambos os governos opositores.

Em 1966, a pedido de seus companheiros monásticos, ele aceitou um convite da Fellowship of Reconciliation (Associação da Reconciliação) e da Universidade Cornell para vir aos Estados Unidos "nos contar sobre as aspirações e a agonia das massas silenciadas do povo vietnamita" (*The New Yorker*, 25 de junho de 1966). Ele tinha uma agenda totalmente lotada de palestras e reuniões privadas, e falou de maneira convincente em favor de um cessar-fogo e de um acordo negociado. Martin Luther King Jr. ficou tão sensibilizado com Nhat Hanh e com suas propostas de paz que o nomeou ao Prêmio Nobel da Paz de 1967, dizendo: "Eu não conheço ninguém mais digno do Prêmio Nobel da Paz do que este gentil monge do Vietnã". Foi principalmente graças à influência de Thich Nhat Hanh, que King se manifestou publicamente contra a guerra, ao lado de Nhat Hanh, numa coletiva de imprensa, em Chicago.

Quando o famoso místico e monge católico, Thomas Merton, conheceu Thich Nhat Hanh em seu mosteiro, Gethsemani, próximo a Louisville, Kentucky, ele disse aos seus alunos: "Só pela forma como ele abre a porta e entra numa sala, já revela sua compreensão. Ele é um verdadeiro monge". Merton prossegue escrevendo no ensaio, "Nhat Hanh é meu irmão", um apelo apaixonado para que as propostas de Nhat Hanh pela paz fossem ouvidas e a proposta de paz defendida por ele recebesse apoio total. Após reuniões importantes com os senadores Fullbright e Kennedy, juntamente com o Secretário de Defesa McNamara, entre outros, em Washington, Thich Nhat Hanh foi à Europa, onde se reuniu com vários chefes de Estado e funcionários da Igreja Católica, e teve inclusive duas audiências com o Papa Paulo VI, insistindo na cooperação entre católicos e budistas para ajudar a restabelecer a paz no Vietnã.

Em 1969, a pedido da Igreja Budista Unificada do Vietnã, Thich Nhat Hanh estabeleceu, em Paris, a Delegação Budista pela Paz para as Palestras em prol da Paz em Paris. Depois de os Acordos de Paz terem sido assinados em 1973, a permissão de retornar ao Vietnã lhe foi negada, e ele fundou uma pequena comunidade chamada "Sweet Potato" (batata-doce) cerca de cento e sessenta quilômetros a sudoeste de Paris. Em 1976-1977, Nhat Hanh conduziu uma operação para resgatar pessoas dos barcos no Golfo do Sião, mas a hostilidade dos governos da Tailândia e Singapura impossibilitou a continuidade daquela operação-resgate. Então, nos cinco anos seguintes, ele permaneceu em retiro na Comunidade Sweet Potato – meditando, lendo, escrevendo, encadernando livros, fazendo jardinagem e ocasionalmente recebendo visitantes.

Em junho de 1982, Thich Nhat Hanh visitou Nova York e no final daquele ano, fundou Plum Village, um centro de retiro maior próximo a Bordeaux, cercado por vinhedos e campos de trigo, milho e girassóis. Desde 1983, ele tem ido à América do Norte a cada dois anos para facilitar retiros e dar palestras sobre o viver consciente e responsabilidade social, "criando a paz exatamente no momento em que vivemos".

Embora Thich Nhat Hanh não possa visitar sua terra natal, cópias manuscritas dos seus livros continuam a circular ilegalmente no Vietnã. Sua presença também é sentida através dos seus alunos e colegas por todo o mundo, que trabalham em tempo integral tentando aliviar o sofrimento de pessoas extremamente pobres do Vietnã, e apoiando clandestinamente famílias famintas, fazendo campanhas a favor de escritores, artistas, monges e monjas que foram aprisionados por causa das suas crenças e das suas artes. Esse trabalho se amplia para ajudar refugiados ameaçados de repatriação e no envio de ajuda material e espiritual aos refugiados nos campos da Tailândia, Malásia e Hong Kong.

Agora com sessenta e quatro anos de idade, mas aparentando vinte anos mais novo, Thich Nhat Hanh está despontando como um dos grandes mestres do século XX. Em meio à ênfase que nossa sociedade dá a rapidez e ao sucesso material, as habilidades de Thich Nhat Hanh de caminhar de forma calma, pacífica e consciente, e de nos ensinar a fazer o mesmo, tem levado à sua entusiástica receptividade no Ocidente. Embora o seu modo de expressão seja simples, sua mensagem revela a quintessência de uma compreensão profunda da realidade proveniente de suas meditações, treinamento budista e trabalho no mundo.

Sua maneira de ensinar está centrada em torno da respiração consciente – a consciência de cada respiração – e, através da respiração consciente, da atenção plena a cada ação da vida cotidiana. A meditação, ele nos diz, não existe somente numa sala de meditação. É tão sagrado lavar os pratos conscientemente quanto o é o ato de curvar-se de mãos postas profundamente ou o ato de acender um incenso. Ele também nos ensina que ao esboçarmos um sorriso na face podemos relaxar centenas de músculos em nosso corpo – ao que ele chama de "ioga da boca" – e, de fato, estudos recentes comprovam que quando flexionamos nossos músculos faciais em expressões de alegria, nós produzimos de fato em nosso sistema nervoso os efeitos que acompanham a verdadeira alegria. Paz e felicidade estão à nossa disposição, ele nos lembra, desde que possamos acalmar pensamentos distraídos por um tempo suficiente, para que possamos retornar ao momento presente e perceber o céu azul, o sorriso da criança, a beleza do nascer do sol. "Se estivermos cheios de paz, se estivermos felizes, podemos sorrir, e todos em nossa família, e na sociedade inteira, vão se beneficiar da nossa paz".

Paz é cada passo é um livro de lembretes. Na correria da vida moderna, temos a tendência de perder contato com a paz que está disponível a todo instante. A criatividade de Thich Nhat Hanh se encontra na habilidade que ele tem de tirar proveito das mesmas situações que normalmente nos pressionam e nos antagonizam. Para ele, um telefone tocando é usado como um sinal que nos lembra de retornar ao nosso verdadeiro eu. Pratos sujos, luzes vermelhas e engarrafamentos no trânsito são amigos espirituais no caminho da conscientização. As nossas satisfações mais profundas, os sentimentos de alegria e de completude mais profundos estão tão próximos ao nosso alcance quanto a nossa próxima respiração consciente e o sorriso que podemos esboçar agora.

Paz é cada passo foi constituído a partir de palestras de Thich Nhat Hanh, escritos publicados e não publicados e conversas informais com ele, por um pequeno grupo de amigos – Therese Fitzgerald, Michael Katz, Jane Hirshfield e eu mesmo – trabalhando estreitamente com Thây Nhat Hanh (Thây se pronuncia Tái, que significa *professor* em vietnamita) e com Leslie Meredith, nossa editora tão atenta, minuciosa e sensível em Bantam. Patricia Curtan forneceu o belo dente-de-leão. Gratidão especial a Marion Tripp, que escreveu o "Poema do dente-de-leão".

Este livro é a mensagem mais clara e completa até agora de um grande bodhisattva, que tem dedicado sua vida à iluminação dos outros. O ensinamento de Thich Nhat Hanh é, ao mesmo tempo, inspirador e muito prático. Espero que o leitor se deleite com este livro tanto quanto nós nos alegramos em torná-lo disponível.

Arnold Kotler
Thenac, França
Julho de 1990

PARTE I

Respire!
Você está vivo(a)

Vinte e quatro horas novinhas em folha

Toda manhã, ao acordarmos, nós dispomos de vinte e quatro horas novinhas em folha para viver. Que dádiva preciosa! Nós temos a capacidade de viver de um modo que essas vinte e quatro horas tragam paz, alegria e felicidade para nós mesmos e para os outros.

A paz está presente aqui e agora, em nós mesmos e em tudo o que fazemos e vemos. A questão é se estamos ou não estamos em contato com a paz. Não temos que viajar para longe a fim de apreciar o céu azul. Não temos que sair da nossa cidade ou mesmo do nosso bairro para apreciar os olhos de uma linda criança. Até mesmo o ar que respiramos pode ser uma fonte de alegria.

Nós podemos sorrir, respirar, andar e saborear nossas refeições de uma maneira que nos permita estar conectados à felicidade abundante sempre disponível. Somos muito hábeis em nos preparar para viver, mas não muito bons em viver. Sabemos como sacrificar dez anos por um diploma, e estamos dispostos a trabalhar arduamente para conseguir um emprego, um carro, uma casa, e assim por diante. Mas temos dificuldade de nos lembrar que estamos vivos no momento presente, o único momento que existe para ser vivido. Cada respiração que damos, cada passo que damos, podem estar repletos de paz, alegria e serenidade. Só precisamos de estar acordados, vivos no momento presente.

Este livrinho está sendo oferecido como um sino de conscientização, como um lembrete de que a felicidade só é possível no momento presente. É claro que planejar o futuro faz parte da vida. Mas até mesmo o planejamento só pode acontecer no momento presente. Este livro é um convite para retornar ao momento presente e encontrar paz e alegria. Eu apresento algumas experiências que vivi e algumas técnicas que podem lhe ajudar. Mas, por favor, não espere até terminar de ler o livro para encontrar a paz. Paz e felicidade estão disponíveis em todos os momentos. A paz existe em cada passo. Nós podemos andar de mãos dadas. *Bon voyage*.

O dente-de-leão está com o meu sorriso

Quando uma criança sorri, quando um adulto sorri, isso é muito importante. Se pudermos sorrir diariamente, se pudermos ser tranquilos e felizes, não será somente nós, mas todo mundo, que se beneficiará com isso. Se soubermos realmente viver a vida, qual seria a melhor forma de começar o dia, senão com um sorriso? O nosso sorriso afirma a nossa consciência e determinação de viver alegre e em paz. A fonte de um sorriso verdadeiro é uma mente desperta.

Como você poderia conseguir lembrar-se de sorrir ao acordar? Talvez pudesse pendurar um lembrete – como um galho, uma folha, uma pintura ou algumas palavras inspiradoras – na sua janela ou no teto acima da sua cama, que você veja logo que abrir os olhos. Quando você tiver desenvolvido a prática de sorrir, pode ser que não precise mais de um lembrete. Você sorrirá logo que ouvir um pássaro cantando ou vir a luz do sol entrando pela janela. O sorriso o ajuda a se aproximar do dia com gentileza e compreensão.

Quando vejo alguém sorrir, imediatamente eu sei que a consciência é sua estada. Esse ar sorridente, quantos artistas estiveram trabalhando para trazê-lo aos lábios de inúmeras estátuas e pinturas? Tenho certeza de que o mesmo sorriso deve ter existido nos rostos de escultores e pintores enquanto trabalhavam. Você consegue imaginar um pintor furioso dando à luz a um sorriso assim? O sorriso de Mona Lisa é leve, apenas uma alusão de sorriso. No entanto, até mesmo um sorriso desse já é suficiente para que todos os músculos do nosso rosto relaxem, e para banir todas as nossas preocupações e fadiga. Um pequenino embrião de sorriso em nossos lábios nutre a consciência e milagrosamente nos acalma. Ele nos traz de volta a paz que pensávamos ter perdido.

O nosso sorriso proporcionará felicidade a nós e aos que nos rodeiam. Mesmo que gastemos muito dinheiro em presentes para todos da nossa família, nada que comprarmos poderá dar-lhes tanta felicidade quanto o presente da nossa consciência, do nosso sorriso. E esse presente precioso não custa nada. No final de um retiro na Califórnia, um amigo escreveu este poema:

> Eu perdi meu sorriso,
> mas não se preocupe.
> O dente-de-leão está com ele.

Se você tiver perdido o sorriso, mas ainda for capaz de ver que um dente-de-leão tem o seu sorriso guardado para você, a situação não é tão ruim. Você ainda tem consciência suficiente para ver que o sorriso existe. Você só precisa respirar conscientemente uma ou duas vezes para recuperá-lo. O dente-de-leão é um membro do seu grupo de amigos. Ele está ali, muito fiel, guardando o seu sorrir para você.

De fato, tudo ao seu redor está guardando seu sorriso para você. Você não precisa se sentir isolado(a). Você só precisa abrir-se para o amparo existente à sua volta e dentro de você. Como a amiga que compreendeu que o dente-de-leão estava guardando o sorriso dela, você pode respirar conscientemente, que o seu sorriso retornará.

Respirar conscientemente

Existem várias técnicas de respiração que você pode usar para tornar a vida mais cheia de vida e agradável. O primeiro exercício é muito simples. Ao inspirar, você diz para si mesmo: "Inspirando, eu sei que estou inspirando". E ao expirar, você diz: "Expirando, eu sei que estou expirando". Só isso. Você reconhece sua inspiração enquanto inspiração e sua expiração enquanto expiração. Você nem precisa recitar a frase inteira; pode usar apenas duas palavras: "inspirando" e "expirando". Essa técnica pode ajudá-lo a manter sua mente na respiração. Enquanto pratica, sua respiração vai ficando tranquila e suave, e o seu corpo e sua mente também vão se tornando tranquilos e leves. Esse exercício não é difícil. Em apenas alguns minutos você pode realizar o fruto da meditação.

Inspirar e expirar é muito importante e agradável. Nossa respiração é o elo entre o nosso corpo e a nossa mente. Às vezes a nossa mente está pensando numa coisa e o nosso corpo, fazendo outra, e a mente e o corpo não estão unificados. Ao nos concentrarmos na respiração, "inspirando" e "expirando", nós reunificamos corpo e mente e eles novamente se tornam uma totalidade. Respirar conscientemente é uma ponte importante.

Para mim, respirar é uma alegria que não posso passar sem. Todo dia, eu pratico a respiração consciente, e na minha pequena sala de meditação, eu caligrafei esta frase: "Respire, você está vivo!" Só pelo fato de respirarmos e sorrirmos, nós podemos sentir que estamos muito felizes, pois quando respiramos conscientemente nos restabelecemos completamente e nos encontramos com a vida no momento presente.

Momento presente, presente maravilhoso

Numa sociedade tão ocupada como a nossa, respirar conscientemente de vez em quando é uma grande felicidade. Podemos praticar a respiração consciente não só quando estivermos sentados numa sala de meditação, como também enquanto trabalhamos no escritório ou em casa, quando estivermos dirigindo o carro ou sentados no ônibus, onde quer que estejamos, a qualquer momento ao longo do dia.

Há tantos exercícios que podemos praticar que nos ajudam a respirar conscientemente. Além do simples exercício "inspirando" e "expirando", nós podemos recitar silenciosamente estas quatro linhas enquanto inspiramos e expiramos:

> Inspirando, eu acalmo meu corpo.
> Expirando, eu sorrio.
> Habitando o momento presente,
> Sei que este é um maravilhoso presente!

"Inspirando, eu acalmo meu corpo." Recitar esse verso é como beber um copo de limonada refrigerada num dia quente – você pode sentir o frescor permeando o seu corpo. Quando inspiro e recito esse verso, eu realmente sinto minha respiração acalmando meu corpo e mente.

"Expirando, eu sorrio." Você sabe que um sorriso pode relaxar centenas de músculos no seu rosto. Vestir um sorriso no rosto é um sinal de que você é senhor(a) de si mesmo(a).

"Habitando o momento presente." Enquanto permaneço aqui sentado, não penso em qualquer outra coisa. Eu me sento aqui e sei exatamente onde estou.

"Sei que este é um maravilhoso presente!" É uma alegria sentar de maneira estável e à vontade, e retornar à respiração, ao sorriso, à nossa verdadeira natureza. Nosso encontro marcado com a vida está no momento presente. Se nós não tivermos paz e alegria agora mesmo, quando vamos ter paz e alegria – amanhã ou depois de amanhã? O que está nos impedindo de sermos felizes agora? À medida que seguimos nossa respiração, nós podemos dizer, simplesmente, "Acalmando, sorrindo, momento presente, maravilhoso presente".

Esse exercício não é só para iniciantes. Muitos de nós, que estivemos praticando meditação e respiração consciente por quarenta ou cinquenta anos, continuamos a praticá-lo da mesma forma, pois esse tipo de exercício é tão importante e facílimo.

Pensar menos

Enquanto praticamos a respiração consciente, nosso pensamento desacelera, e podemos nos proporcionar um verdadeiro descanso. Na maior parte do tempo, nós pensamos demais, e respirar conscientemente nos ajuda a permanecer calmos, relaxados e tranquilos. Nos ajuda a parar de pensar em demasia, e deixarmos de ser possuídos por tristezas passadas e preocupações acerca do futuro. A respiração consciente nos habilita a estar em contato com a vida, que é maravilhosa, no momento presente.

É claro que pensar é importante, mas grande parte do nosso pensamento é inútil. É como se cada um de nós estivesse com uma fita cassete na cabeça, sempre tocando dia e noite. Pensamos nisso e pensamos naquilo, e é difícil parar. No caso do cassete, podemos simplesmente pressionar o botão de parar. Mas no caso do nosso pensamento, não há botão algum. Podemos ficar pensando e nos preocupando tanto que não conseguimos dormir. Se formos ao médico buscar algumas pílulas ou calmantes para dormir, esses medicamentos podem piorar nossa situação, pois não descansamos realmente durante esse tipo de sono, e se continuarmos usando esses medicamentos, podemos ficar viciados. Continuamos a viver tensos, e podemos ter pesadelos.

De acordo com o método da respiração consciente, paramos de pensar enquanto inspiramos e expiramos, pois dizer "inspirando" e "expirando" não significa pensar – "inspirando" e "expirando" são apenas palavras que nos ajudam a nos concentrar na respiração. Se continuarmos inspirando e expirando dessa forma, por alguns minutos, nós ficamos um tanto quanto revigorados. Nós nos recuperamos, e podemos ter um encontro com as coisas belas à nossa volta no momento presente. O passado se foi, o futuro ainda não chegou. Se não nos voltarmos para dentro de nós mesmos, no momento presente, não poderemos viver em contato com a vida.

Quando vivemos em contato com os elementos revigorantes, pacificadores e saudáveis que estão dentro e fora de nós, aprendemos a apreciá-los, protegê-los e fazê-los crescer. Esses elementos da paz estão disponíveis a nós a qualquer momento.

Nutrindo a consciência a todo instante

Numa noite fria de inverno, eu voltei para casa de uma caminhada pelos morros, e encontrei escancaradas todas as portas e janelas do meu eremitério. Quando saí mais cedo, eu me esqueci de prendê-las, e um vento frio tinha soprado pela casa, aberto janelas e espalhado, por toda a sala, os papéis da minha escrivaninha. Eu, imediatamente, fechei as portas e janelas, acendi uma lamparina, peguei os papéis e os arrumei com esmero sobre a minha mesa. Depois acendi o fogo na lareira, e logo os troncos crepitantes trouxeram o calor de volta ao quarto.

Às vezes, nós nos sentimos cansados, frios e solitários na multidão. Podemos querer nos retirar para ficarmos sozinhos e nos aquecermos de novo, como fiz ao fechar as janelas e me sentar ao lado do fogo, protegido do vento frio e úmido. Os nossos sentidos são as nossas janelas para o mundo, e às vezes o vento sopra através deles e perturba tudo dentro de nós. Alguns de nós deixamos nossas janelas abertas o tempo inteiro, permitindo que as visões e os sons do mundo nos invadam, nos penetrem e exponham os nossos tristes e perturbados "eus". Nós nos sentimos tão frios, solitários e amedrontados. Você já se pegou assistindo a um programa horrível na televisão, mas incapaz de desligá-lo? Os barulhos estridentes, as explosões do fogo de artilharia, são perturbadores. No entanto, você não se levanta e desliga a TV. Por que você se tortura dessa maneira? Você não quer fechar as janelas? Tem medo da solidão – o vazio e solidão que você pode se deparar ao se ver sozinho?

Enquanto assistimos a um programa de TV ruim, nós *nos tornamos* aquele programa de TV. Nós somos o que sentimos e percebemos. Se estivermos com raiva, somos a raiva. Se estivermos apaixonados, somos a paixão. Se olharmos para um pico de montanha coberto de neve, nós somos a montanha. Podemos ser qualquer coisa que quisermos, então por que abrimos as nossas janelas aos programas ruins de TV, feitos por produtores sensacionalistas em busca de dinheiro fácil, programas que trituram nosso coração, fecham os nossos punhos e nos deixam exauridos? Quem permite que estes programas de televisão sejam criados e assistidos até mesmo por pessoas muito jovens? Somos nós! Somos muito pouco exigentes, demasiadamente dispostos a assistir a qualquer coisa que esteja passando na tela, solitários demais, preguiçosos ou entediados demais para criar nossas próprias vidas. Ligamos a TV e a deixamos ligada, permitindo que outra pessoa nos guie, nos modele e nos destrua. Perder-se dessa maneira significa deixar nosso destino nas mãos dos outros que podem não estar agindo com responsabilidade. Devemos estar cientes de quais programas prejudicam nossos sistemas nervosos, mentes e corações, e quais programas nos beneficiam.

É claro que eu não estou falando somente de TV. À nossa volta, quantos atrativos são preparados por colegas nossos e até nós mesmos? Em um único dia, quantas vezes nos perdemos e nos dispersamos por causa deles? Devemos ser muito cuidadosos para proteger nosso destino e a nossa paz. Eu não estou sugerindo que simplesmente fechemos todas as nossas janelas, pois há muitos milagres no mundo, que chamamos de "externo". Nós podemos abrir nossas janelas para esses milagres e olhar para qualquer um deles com consciência. Desse modo, mesmo enquanto estivermos sentados à beira de um riacho fluido e límpido, ouvindo músicas belas ou assistindo a um ótimo filme, não precisamos ficar completamente perdidos na água corrente, na música ou no filme. Podemos continuar conscientes de nós mesmos e da nossa respiração. Com o sol da consciência brilhando dentro de nós, podemos evitar a maioria dos perigos. O riacho será mais puro, a música mais harmoniosa e a alma do cineasta completamente visível.

Enquanto meditadores-iniciantes, pode ser que queiramos ir embora da cidade e ir para o campo a fim de ajudar a fechar as janelas que incomodam o nosso espírito. Lá poderemos nos tornar unos com a tranquilidade da floresta, e nos redescobrir e nos restaurar, sem sermos varridos pelo caos do "mundo exterior". A selva revigorante e silenciosa nos ajuda a permanecer conscientes, e quando nossa consciência estiver bem enraizada e pudermos mantê-la sem vacilo, podemos decidir voltar à cidade e lá permanecer, menos perturbados. Mas às vezes não podemos deixar a cidade, e temos que encontrar os elementos calmos e revigorantes capazes de nos curar, bem no meio de nossas vidas atarefadas. Podemos querer ir visitar um bom amigo que possa nos consolar, ou dar uma caminhada num parque e apreciar as árvores e a brisa refrescante. Quer estejamos na cidade, no campo ou no deserto, precisamos nos sustentar escolhendo cuidadosamente nosso ambiente, e nutrindo nossa consciência a todo instante.

Sentar em qualquer lugar

Quando você precisa desacelerar e voltar-se para dentro de si mesmo, você não precisa sair correndo pra casa, para sentar-se na sua almofada de meditação, ou se apressar para ir até um centro de meditação praticar a respiração consciente. Você pode respirar em qualquer lugar, simplesmente sentado na cadeira do seu escritório ou sentado em seu automóvel. Mesmo se estiver num shopping cheio de pessoas ou esperando na fila de um banco, se você começa a sentir-se exaurido e precisar voltar-se para dentro de si, você pode simplesmente praticar, ali em pé, respirando conscientemente e sorrindo.

Onde quer que esteja, você poderá respirar conscientemente. Todo mundo precisa voltar-se para dentro de si de tempos em tempos, para poder enfrentar as dificuldades da vida. Podemos fazer isso em qualquer posição – em pé, sentado, deitado ou andando. Entretanto, se você pode sentar-se, a postura sentada é a mais estável de todas.

Uma vez, eu estava no Aeroporto Kennedy, em Nova York, esperando um avião que estava quatro horas atrasado e gostei muito de ficar esperando sentado de pernas cruzadas lá na área de espera. Eu simplesmente enrolei meu suéter e me sentei sobre ele, como se fosse uma almofada. As pessoas olharam com curiosidade para mim, mas depois de um tempo me ignoraram, e eu permaneci sentado em paz. Não havia lugar para descansar, o aeroporto estava cheio de gente, então eu apenas me acomodei de um modo confortável onde eu estava. Pode ser que você não queira meditar de modo tão visível, mas respirar conscientemente em qualquer posição a qualquer momento pode ajudá-lo a se restabelecer.

Sentar em meditação

A postura mais estável para a meditação é a sentada numa almofada, de pernas cruzadas. Escolha uma almofada com a espessura certa, que lhe dê suporte. As posturas de meio-lótus e lótus-inteiro são excelentes para estabilizar o corpo e a mente. Para sentar-se nas posições de lótus, cruze as pernas com delicadeza, seja colocando um pé sobre a coxa oposta, para fazer o meio-lótus, ou colocando nas coxas opostas ambos os pés, para fazer o lótus inteiro. Se a postura de lótus for difícil, tudo bem se você sentar de pernas cruzadas ou em qualquer posição confortável. Mas deixe as costas eretas, mantenha os olhos entreabertos e dobre as mãos confortavelmente sobre o colo. Se preferir, você pode sentar-se numa cadeira com as plantas dos pés no chão e as mãos descansando sobre o colo. Ou pode deitar-se no chão, de costas, com as pernas estendidas rotadas para fora, com alguns centímetros de distância, e os braços alongados ao lado do corpo, de preferência com as palmas viradas para cima.

Se suas pernas ou pés ficarem dormentes ou começarem a doer durante a meditação sentada, de modo a perturbar sua concentração, sinta-se à vontade para ajustar sua postura. Se fizer isso devagar e atentamente, seguindo sua respiração e cada movimento de seu corpo, você não perderá um único momento de concentração. Se a dor for severa, levante-se, ande devagarzinho, com atenção e, quando estiver pronto, sente-se de novo.

Em alguns centros de meditação, os praticantes não têm permissão de se mover durante os períodos de meditação sentada. Muitas vezes eles têm que suportar grande desconforto. Para mim, isso não parece ser natural. Quando uma parte do nosso corpo está dormente ou com dor, isso está nos dizendo alguma coisa, e devemos ouvi-la. Nós nos sentamos em meditação como um meio que nos ajudar a cultivar paz, alegria e a não violência, e não para suportar um esforço físico excessivo ou injuriar nossos corpos. Mudar a posição dos nossos pés ou andar um pouco em meditação não vai incomodar muito os outros, e pode nos ajudar muito.

Às vezes, podemos usar a meditação como um meio de nos esconder de nós mesmos e da vida, como um coelho voltando para seu buraco. Fazendo isso, pode ser que sejamos capazes de evitar alguns problemas por algum tempo, mas quando deixarmos o nosso "buraco", vamos ter de enfrentá-los novamente. Por exemplo, se praticarmos meditação de maneira muito intensa, pode ser que sintamos uma espécie de alívio enquanto estamos nos exaurindo e desviando a nossa energia de enfrentar nossas dificuldades. Mas quando nossa energia retornar, os nossos problemas vão voltar com ela.

Precisamos praticar meditação com delicadeza, mas de forma constante, ao longo da vida cotidiana, sem desperdiçar uma única oportunidade ou evento para olhar em profundidade a verdadeira natureza da vida, inclusive os problemas do nosso dia a dia. Praticando dessa maneira, nós vivemos em profunda comunhão com a vida.

Sinos da atenção

Na minha tradição, nós usamos os sinos do templo para nos lembrar de regressar ao momento presente. Toda vez que ouvimos o sino, nós paramos de falar, interrompemos nossos pensamentos e nos voltamos para dentro de nós, inspirando, expirando e sorrindo. Não importa o que estivermos fazendo, nós pausamos por um instante e simplesmente apreciamos nossa respiração. Às vezes, nós também recitamos este verso:

> Escute, escute.
> Esse som maravilhoso me traz de volta ao meu verdadeiro eu.

Ao inspirar, dizemos: "Escute, escute", e ao expirar, dizemos: "Esse som maravilhoso me traz de volta ao meu verdadeiro eu".

Desde que vim para o Ocidente, tenho ouvido muito pouco sinos de templos budistas. Mas, felizmente, há sinos de igreja em toda parte da Europa. Parece que não há tantos sinos nos Estados Unidos; eu acho isso uma pena. Toda vez que dou uma palestra na Suíça, para praticar atenção plena, eu uso os sinos da igreja. Quando os sinos começam a badalar, eu paro de falar, e todos nós ouvimos juntos o soar dos sinos até o fim. Gostamos muito de ouvi-los! (Acho que é melhor do que a palestra!) Quando ouvimos o sino, podemos dar uma pausa para desfrutar nossa respiração e entrar em contato com as maravilhas da vida que estão à nossa volta – as flores, as crianças, os lindos sons. Toda vez que nos reencontramos conosco, as condições se tornam favoráveis para nos encontrarmos com a vida no momento presente.

Um dia, em Berkeley, eu propus aos professores e alunos da Universidade da Califórnia que, toda vez que o sino do campus soasse, eles dessem uma pausa para respirar conscientemente. Todo mundo deve ter tempo de desfrutar o fato de estar vivo! Não devemos ficar somente correndo pra lá e pra cá o dia todo. Devemos aprender a apreciar realmente os sinos da nossa igreja e da nossa escola. Os sinos são belos e podem nos despertar.

Se você tem um sino em casa, você pode fazer a prática de respirar e sorrir ouvindo o seu som encantador. Mas você não precisa levar um sino para o escritório ou a fábrica. Você pode usar qualquer som para lembrá-lo de dar uma pausa, inspirar e expirar e desfrutar o momento presente. O alarme que soa quando você se esquece de apertar o cinto de segurança do carro é um sino de atenção. Mesmo aquilo que não é som, como o raio do sol entrando pela janela, são sinos da plena atenção que podem nos lembrar de regressar para dentro de nós, sorrir e viver em plenitude o momento presente.

O biscoito da infância

Quando eu tinha quatro anos de idade, minha mãe costumava trazer um biscoito pra mim toda vez que chegava em casa do mercado. Eu sempre ia até o jardim da frente para comê-lo sem pressa, às vezes passava meia hora ou quarenta e cinco minutos saboreando um biscoito. Eu dava uma mordidinha e olhava para o céu. Depois eu tocava o cachorro com os meus pés e dava outra mordidinha. Eu simplesmente gostava de estar ali presente, com o céu, a terra, as moitas de bambu, o gato, o cachorro, as flores. Eu podia fazer isso porque não tinha muito com o que me preocupar. Eu não pensava no futuro, não me arrependia do passado. Estava totalmente no momento presente, com o meu biscoito, o cachorro, as moitas de bambu, o gato e tudo.

É possível comer uma refeição de forma tão lenta e jubilosa quanto eu comia o biscoito da minha infância. Talvez você tenha a impressão de ter perdido o biscoito da sua infância, mas eu tenho certeza de que ele ainda existe em algum lugar do seu coração. Tudo ainda está lá e, se realmente quiser, você pode encontrá-lo. Comer saboreando atentamente é uma das práticas mais importantes de meditação. Podemos nos alimentar de uma maneira que restaure o biscoito de nossa infância. O momento presente está repleto de alegria e felicidade. Se estiver atento, você verá.

Meditando numa tangerina

Se eu lhe oferecer uma tangerina recém-colhida, entendo que o tanto que você vai apreciá-la, dependerá do grau da sua atenção. Se estiver livre de preocupações e ansiedades, você vai apreciá-la mais. Se estiver possuído de raiva ou medo, pode ser que a tangerina não seja muito real para você.

Um dia, eu ofereci a várias crianças uma cesta cheia de tangerinas. A cesta ia passando de mão em mão em círculo, e cada criança pegava uma tangerina e a colocava na palma da mão. Cada um de nós olhava nossa tangerina, e as crianças foram convidadas a meditar sobre as origens da tangerina. Elas não só viram suas próprias tangerinas, mas também a mãe de todas elas: a tangerineira. Com alguma orientação, as crianças começaram a visualizar a tangerineira florida recebendo sol e chuva. Depois visualizaram as pétalas caindo e surgir as minúsculas frutas verdes. Os raios do sol e a chuva continuaram, e a minúscula tangerina cresceu. Agora alguém a colheu, e a tangerina está aqui. Depois de compreender isso, cada criança foi convidada a descascar sua tangerina lentamente, percebendo a névoa e a fragrância da tangerina, e depois levá-la até a boca e mordê-la com atenção, plenamente consciente da textura e do sabor daquela fruta e do seu suco fluindo. Nós comemos assim, lentamente.

Toda vez que vir uma tangerina, você pode contemplá-la profundamente. Você pode ver tudo o que há no universo numa tangerina. Descascá-la e cheirá-la é maravilhoso. Você pode levar o tempo que quiser para comer uma tangerina e ser muito feliz.

A Eucaristia

A prática da Eucaristia é uma prática de consciência. Quando Jesus partiu o pão e o compartilhou com os discípulos dele, disse: "Coma-o. Esta é a minha carne". Ele sabia que se os seus discípulos comessem um pedaço do pão em plena atenção, iriam ter uma vida real. É possível que, diariamente, eles estivessem comendo o pão em deslembrança, de modo que o pão não era pão; era um fantasma. Em nossa vida cotidiana, pode ser que enxerguemos as pessoas à nossa volta, mas se não estivermos atentos, elas são apenas fantasmas, não pessoas reais, e nós também somos fantasmas. Praticar a plena atenção permite que nos tornemos pessoas reais. Quando somos uma pessoa real, vemos pessoas reais em torno de nós, e a vida se apresenta em toda a sua exuberância. A prática de comer um pedaço de pão, uma tangerina ou um biscoito é a mesma.

Quando respiramos, quando estamos conscientes, quando olhamos de maneira profunda a nossa comida, naquele momento, a vida se torna real. Para mim, o rito da Eucaristia é uma prática maravilhosa de atenção plena. De maneira drástica, Jesus tentou despertar os discípulos dele.

Comer com atenção

Alguns anos atrás, eu perguntei às crianças: "Qual é o propósito de tomar café da manhã?" e um menino respondeu: "Ter energia para o dia". Outro disse: "O propósito de tomar café da manhã é tomar café da manhã". Eu acho que a resposta do segundo garoto é mais correta. O propósito de comer é comer.

Comer uma refeição em plena atenção é uma prática importante. Nós desligamos a TV, colocamos o jornal de lado e trabalhamos juntos durante cinco ou dez minutos, arrumando a mesa e terminando o que precisa ser feito. Durante esses poucos minutos, podemos ser muito felizes. Quando a comida estiver na mesa e todo mundo estiver sentado, nós praticamos a respiração consciente: "Inspirando, eu acalmo meu corpo. Expirando, eu sorrio", três vezes. Podemos ficar totalmente revigorados depois de respirar três vezes dessa forma.

Então, nós olhamos para cada pessoa enquanto inspiramos e expiramos para nos conectarmos conosco e com os demais à mesa. Não precisamos de duas horas para ver a outra pessoa. Se estivermos realmente assentados dentro de nós, só precisamos olhar por um ou dois segundos, e isso basta para que vejamos o outro. Eu acho que, se uma família tiver cinco membros, são necessários somente cerca de cinco ou dez segundos para praticar "olhando e vendo" dessa forma.

Depois de respirar, nós sorrimos. Sentados à mesa com outras pessoas, nós temos a oportunidade de oferecer um autêntico sorriso de amizade e compreensão. É muito fácil, mas não são muitas as pessoas que fazem isso. Para mim, essa é a prática mais importante. Nós olhamos para cada pessoa e sorrimos para ele ou ela. Respirar e sorrir juntos é uma prática muito importante. Se as pessoas de uma família não conseguem sorrir umas para as outras, a situação está muito perigosa.

Depois de respirar e sorrir, abaixamos nosso olhar até o alimento de um modo que permita que a comida se torne real. Esse alimento revela a nossa conexão com a terra. Cada mordida contém a vida do sol e da terra. O tanto que nossa comida se revelará vai depender de nós. Podemos ver e provar todo o universo em um pedaço de pão! Contemplar nossa comida por alguns segundos antes de comê-la, e comê-la com plena atenção, pode nos proporcionar muita felicidade.

Ter a oportunidade de sentar juntos com a família e amigos e desfrutar bons alimentos é algo precioso, algo que nem todo mundo tem. Muita gente está passando fome no mundo. Quando seguro um prato de arroz ou um pedaço de pão, eu sei que tenho sorte, e sinto compaixão por todos aqueles que não têm o que comer e estão sem amigos ou família. Essa é uma prática muito profunda. Não precisamos ir a um templo ou a uma igreja para praticá-la. Podemos praticá-la sentados à mesa de jantar. A prática de comer conscientemente pode cultivar, em nós, sementes de compaixão e de compreensão, que nos fortalecem para fazermos algo que ajude a nutrir pessoas famintas e solitárias.

Para ajudar a sua atenção plena durante as refeições, é possível que você goste de comer em silêncio de tempos em tempos. Talvez você se sinta um pouco desconfortável na sua primeira refeição silenciosa, mas quando estiver acostumado, você vai constatar que as refeições em silêncio lhe trazem muita paz e felicidade. Tal como desligamos a TV antes de comer, podemos "desligar" a conversa, a fim de apreciar a comida e a presença um do outro.

Eu não recomendo comer em silêncio todo dia. Conversar com o outro pode ser uma forma maravilhosa de estar junto, conscientes de que estamos juntos. Mas temos que distinguir entre diferentes tipos de conversa. Alguns assuntos podem nos separar: por exemplo, se falarmos dos defeitos dos outros. A comida cuidadosamente preparada não terá valor se deixarmos que esse tipo de conversa domine nossa refeição. Se, ao invés disso, conversarmos sobre assuntos que nutrem a nossa consciência da comida e o fato de estarmos juntos, vamos cultivar o tipo de felicidade necessário para crescermos. Ao compararmos essa experiência com a experiência de falar sobre os defeitos dos outros, vamos perceber que é muito mais nutritiva a consciência do pedaço de pão em nossa boca. Ela dá vida e torna a vida real.

Então, ao comer, devemos nos abster da discussão de assuntos que possam destruir a nossa consciência de estar em família e do alimento. Mas devemos sentir que somos livres para falar algo que possa nutrir nossa consciência e felicidade. Por exemplo, se houver um prato de que você gosta muito, você pode notar se outras pessoas também estão gostando, e se uma delas não estiver, você pode ajudá-la a apreciar o maravilhoso prato preparado com carinho. Se alguém estiver pensando sobre algo diferente da comida gostosa sobre a mesa, como as dificuldades que tem no escritório ou com amigos, ele ou ela está deixando o momento presente e a comida escaparem. Você pode dizer: "Este prato está delicioso, não está?", para desviá-lo dos seus pensamentos e preocupações e trazê-lo de volta ao aqui e agora, para desfrutar da sua companhia e do delicioso prato. Você se torna um(a) bodhisattva, ajudando um ser vivo a tornar-se iluminado. As crianças, particularmente, são muito capazes de praticar atenção plena e lembrar aos outros de fazerem o mesmo.

Lavando pratos

Para mim, a ideia de que lavar pratos seja desagradável só pode acontecer se você não estiver lavando pratos. Uma vez que você esteja em pé, diante da pia, com as mangas arregaçadas e as mãos dentro da água morna é realmente muito agradável. Eu gosto de passar um tempo com cada prato, estando plenamente consciente do prato, da água e de cada movimento das minhas mãos. Eu sei que se eu me apressar para ir logo comer a sobremesa antes do tempo, a experiência de lavar a louça será desagradável e sem valor. Isso seria lamentável, pois cada minuto, cada segundo de vida é um milagre. Os pratos em si e o fato de eu estar aqui lavando pratos são milagres!

Se eu for incapaz de lavar pratos com alegria, se eu quiser terminar de lavá-los rapidamente para poder ir me servir da sobremesa, serei igualmente incapaz de curtir minha sobremesa. Com o garfo na mão, estarei pensando sobre o que fazer depois, e a textura e o sabor da sobremesa, juntamente com o prazer de comê-la, se perderão. Estarei sendo sempre arrastado para o futuro, sem nunca conseguir viver no momento presente.

Cada pensamento, cada ação à luz do sol da consciência torna-se sagrada. Sob essa luz, não existe uma fronteira entre o sagrado e o profano. Devo confessar que demoro um pouco mais para terminar de lavar os pratos, mas vivo plenamente todos os momentos e sou feliz. Lavar pratos é ao mesmo tempo um meio e um fim – isto é, não só lavamos pratos para ter pratos limpos, nós também lavamos pratos só por lavar os pratos, para viver plenamente em cada momento enquanto os lavamos.

Andar em meditação

Meditar andando pode ser muito agradável. Nós andamos devagar, sozinhos ou com amigos, se possível, em algum lugar bonito. Andamos em meditação para realmente desfrutar a caminhada – não para chegarmos a algum lugar, mas simplesmente por andar. O objetivo é estar no momento presente, cientes da nossa respiração e do nosso caminhar, para desfrutar cada passo. Portanto, temos que soltar todas as preocupações e ansiedades, sem pensar no futuro, sem pensar no passado, para simplesmente desfrutar o momento presente. Podemos pegar na mão de uma criança enquanto fazemos isso. Nós caminhamos e damos os passos como se fôssemos a pessoa mais feliz da Terra.

Embora estejamos andando o tempo inteiro, nosso caminhar geralmente se parece mais com uma corrida apressada. Quando andamos assim, imprimimos ansiedade e tristeza na Terra. Temos que andar de uma forma que só imprima paz e serenidade na Terra. Todos nós podemos fazer isso, desde que queiramos muito fazer isso. Qualquer criança consegue fazer isso. Se conseguirmos dar um passo assim, poderemos dar dois, três, quatro e cinco. Quando somos capazes de dar um passo com tranquilidade e felizes da vida, estamos trabalhando pela causa da paz e felicidade de toda a humanidade. Andar em meditação é uma prática maravilhosa.

Quando praticamos a caminhada meditativa ao ar livre, andamos um pouco mais lentamente do que o nosso normal, e coordenamos nossa respiração com os nossos passos. Por exemplo, podemos dar três passos durante cada inspiração e três passos durante cada expiração. Então podemos dizer: "Ins-pi-ro. Ex-pi-ro". A palavra nos ajuda a identificar a inspiração. Toda vez que chamamos algo pelo nome, tornamos aquilo mais real, como falar o nome de um amigo.

Se os seus pulmões quiserem quatro passos em vez de três, por favor dê quatro passos a eles. Se eles quiserem apenas dois passos, dê-lhes dois. O comprimento de sua inspiração e expiração não precisa ser o mesmo. Por exemplo, você pode dar três passos a cada inalação e quatro a cada exalação. Se você se sentir feliz, tranquilo e alegre enquanto estiver andando, você está praticando corretamente.

Esteja consciente do contato dos seus pés com a terra. Ande como se estivesse beijando a terra com seus pés. Nós temos causado muitos danos à Terra. Agora é hora de cuidarmos muito bem dela. Nós trazemos nossa paz e tranquilidade para a superfície da Terra e compartilhamos a lição de amor. Caminhamos nesse espírito. De tempos em tempos, quando avistarmos algo belo, podemos parar e olhar aquilo – seja uma árvore, uma flor, algumas crianças brincando. Enquanto observamos, continuamos a seguir nossa respiração, para não sermos capturados por nossos pensamentos e perder a linda flor. Quando quisermos retomar a caminhada, simplesmente começamos a andar de novo. Cada passo que damos cria uma brisa refrescante, que refresca nosso corpo e mente. Cada passo faz com que uma flor brote sob os nossos pés. Nós podemos fazer isso somente se não estivermos pensando no futuro ou passado, se soubermos que a vida só pode ser encontrada no momento presente.

Meditar ao telefone

O telefone é algo muito conveniente, mas podemos ser tiranizados por ele. Podemos achar o seu som perturbador ou sermos interrompidos o tempo inteiro por muitas chamadas. Quando falamos ao telefone, podemos esquecer que estamos falando ao telefone, desperdiçando um tempo precioso (e dinheiro). Geralmente, conversamos sobre coisas não muito importantes. Quantas vezes recebemos nossa conta telefônica e estremecemos com o valor cobrado? O som do telefone tocando cria em nós um tipo de vibração, e talvez alguma ansiedade: "Quem será que está telefonando? Serão notícias boas ou notícias más?" Mas alguma força em nós nos leva até o telefone, e não conseguimos resistir. Somos vítimas do nosso próprio telefone.

Eu recomendo que na próxima vez que ouvir o telefone tocar, fique simplesmente onde está, inspire e expire conscientemente, sorria e recite este verso para si mesmo: "Escute, escute. Esse som maravilhoso me traz de volta ao meu verdadeiro eu". Quando o telefone tocar pela segunda vez, você pode repetir o verso, e o seu sorriso será ainda mais sólido. Quando você sorri, os músculos do seu rosto relaxam e a tensão desaparece rapidamente. Você pode se dar ao luxo de praticar respirando e sorrindo dessa forma, porque se a pessoa do outro lado da linha tiver algo importante a dizer, ela certamente vai esperar pelo menos três chamadas. Quando o telefone tocar pela terceira vez, você pode continuar a prática de respirar e sorrir enquanto caminha devagar até o telefone, com toda a sua soberania. Você é o seu próprio mestre. Você sabe que está sorrindo não somente pelo próprio bem, mas também pelo bem da outra pessoa. Se estiver irritado ou com raiva, a outra pessoa receberá sua negatividade. Mas como você esteve respirando conscientemente e sorrindo, você está conscientemente atento, e ao pegar o telefone, será uma felicidade para quem está lhe telefonando!

Antes de fazer uma ligação, você também pode inspirar e expirar três vezes, antes de discar. Ao ouvir o outro telefone tocar, você sabe que seu amigo está do outro lado praticando a respiração e o sorriso e não vai atendê-lo antes do terceiro toque. Então você diz a si mesmo: "Ela está respirando, por que não estou?" Você pratica inspirando e expirando e ela também. Isso é muito bonito.

Você não precisa ir até uma sala de meditação para praticar essa meditação maravilhosa. Você pode fazer isso em seu escritório e em casa. Eu não sei como as atendentes das operadoras de telefonia conseguem praticar com tantos telefones tocando simultaneamente. Eu tenho certeza de que vocês encontrarão um método para as atendentes meditarem ao telefone. Mas os que entre nós não são telefonistas têm direito a três respirações. A prática de meditar ao telefone pode neutralizar o estresse e a depressão e trazer atenção plena à nossa vida cotidiana.

Meditar ao volante

No Vietnã, quarenta anos atrás, eu fui o primeiro monge a andar de bicicleta. Naquela época, isso não era considerado uma coisa muito "apropriada para monges". Mas hoje em dia, os monges andam de moto e dirigem carros. Nós temos que manter as nossas práticas de meditação atualizadas para responder à real situação do mundo, então eu escrevi um verso simples, que você pode recitar antes de ligar o carro. Espero que lhe seja útil:

> Antes de ligar o carro,
> Eu sei para onde estou indo.
> O carro e eu somos um.
> Se o carro for em alta velocidade, eu vou em alta velocidade.

Às vezes, realmente não precisamos usar o carro, entretanto, como estamos querendo nos distanciar de nós mesmos, saímos para passear de carro. Sentimos que há um oco em nós e não queremos enfrentá-lo. Não gostamos de estar muito ocupados, mas toda vez que temos um momento livre, temos medo de ficar a sós conosco. Queremos fugir – seja ligando a televisão, pegando o telefone, lendo um romance, saindo com um amigo, ou pegamos o carro e saímos para algum lugar. Nossa civilização nos ensina a agir dessa maneira e nos fornece muitas coisas, que podemos usar para perder o contato conosco. Se recitarmos esse poema, quando estivermos prestes a ligar a chave de ignição do nosso carro, pode ser como um lampejo nos permitindo compreender que não precisamos ir a lugar algum. Seja lá aonde formos, o nosso "eu" estará conosco; nós não podemos fugir dele. Então pode ser melhor e mais agradável deixar o motor desligado e sair para andar em meditação.

Dizem que, nos últimos anos, mais de três milhões de quilômetros quadrados de terras florestais foram destruídas pela chuva ácida, em parte, por causa dos nossos carros. "Antes de ligar o carro, eu sei para onde estou indo", é uma afirmação muito profunda. Para onde devemos ir? Para nossa própria destruição? Se as árvores morrerem, nós humanos também morreremos. Se a viagem que você está prestes a fazer for necessária, por favor, não hesite em ir. Mas se você vir que não é realmente importante, pode remover a chave da ignição e, em vez disso, ir andar às margens do rio ou pelo parque. Você vai se reconectar consigo e fazer amizade com as árvores de novo.

"O carro e eu somos um." Temos a impressão de que somos o chefe, e o carro é apenas um instrumento, mas isso não é verdade. Quando usamos qualquer instrumento ou máquina, nós mudamos. Um violinista com seu violino torna-se muito bonito. Um homem com uma arma torna-se muito perigoso. Quando usamos um carro, somos nós mesmos *e* o carro.

Dirigir, nesta sociedade, é uma tarefa cotidiana. Eu não estou lhe sugerindo que pare de dirigir, apenas que você faça isso conscientemente. Enquanto dirigimos, só pensamos em chegar. Por isso, toda vez que vemos uma luz vermelha, não ficamos muito felizes. A luz vermelha é uma espécie de inimigo que nos impede de atingir nosso objetivo. Mas também podemos ver a luz vermelha como um sino despertador da atenção, lembrando-nos de retornar ao momento presente. Na próxima vez que tiver que parar num sinal vermelho, por favor, sorria e volte-se para sua respiração. "Respirando, eu acalmo meu corpo. Expirando, eu sorrio." É fácil transformar um sentimento de irritação num sentimento agradável. Embora seja a mesma luz vermelha, ela se torna diferente. Torna-se um amigo, ajudando-nos a lembrar de que é somente no momento presente que podemos viver nossas vidas.

Quando eu estava em Montreal, há muitos anos, para facilitar um retiro, um amigo deu uma volta de carro comigo pela cidade antes de irmos às montanhas. Eu notei que toda vez que um carro parava na minha frente, estava escrito na placa do carro a frase *"Je me souviens"*, que significa "eu me lembro". Eu não tenho certeza do que eles queriam se lembrar, talvez as origens francesas deles, mas eu disse ao meu amigo que eu tinha um presente para ele. "Toda vez você vir um carro com essa frase *'Je me souviens'* lembre-se de respirar e sorrir. É um sino de atenção plena. Você terá muitas oportunidades de respirar e sorrir enquanto dirige por Montreal".

Ele ficou encantado e compartilhou a prática com os amigos. Depois, quando foi me visitar na França, ele me disse que era mais difícil praticar em Paris do que em Montreal, porque em Paris não há *"Je me souviens"* eu disse a ele: "Há luzes vermelhas e sinais de trânsito em Paris por toda a parte. Por que você não pratica com eles?" Depois de ter retornado a Montreal, passando por Paris, ele escreveu para mim uma carta muito legal: "Thây, foi muito fácil praticar em Paris. Toda vez que um carro parava na minha frente, eu via os olhos de Buda piscando para mim. Eu tinha que respondê-lo respirando e sorrindo, não tinha uma resposta melhor do que essa. Eu tive uma experiência maravilhosa dirigindo em Paris".

Da próxima vez que você ficar preso num engarrafamento, não lute. É inútil lutar. Sente-se e sorria para si mesmo, um sorriso compassivo e amoroso. Deleite-se no momento presente, respirando e sorrindo, e transmita felicidade às outras pessoas que estão no seu carro. A felicidade existe se você souber como respirar e sorrir, porque a felicidade sempre pode ser encontrada no momento presente. Praticar meditação significa retornar ao momento presente a fim de encontrar a flor, o céu azul, a criança. A felicidade está disponível.

Des-compartimentalização

Nós temos tantos compartimentos em nossas vidas. Como poderíamos levar a meditação para fora da sala de meditação e para dentro da cozinha e do escritório? Na sala de meditação, nós nos sentamos em silêncio e tentamos estar cientes de cada respiração. Como poderia o tempo que meditamos sentados influenciar o tempo em que não estamos sentados? Quando um médico lhe dá uma injeção, não é apenas o seu braço, mas todo o seu corpo que se beneficia da injeção. Quando você senta em meditação meia hora por dia, esse tempo deve servir para as vinte e quatro horas, e não só por meia hora. Um sorriso, uma respiração, deve beneficiar o dia inteiro, não apenas aquele momento. Devemos praticar de uma forma que remova a barreira entre prática e não prática.

Quando andamos dentro da sala de meditação, damos passos de forma cuidadosa e muito lenta. Mas quando vamos ao aeroporto ou ao supermercado, nós nos tornamos outra pessoa. Andamos muito rapidamente, com menos atenção. Como podemos praticar atenção plena no aeroporto e no supermercado? Eu tenho uma amiga que respira entre chamadas telefônicas, e isso a ajuda muito. Outro amigo pratica caminhada meditativa entre seus compromissos comerciais, andando com atenção entre os edifícios no centro de Denver. Transeuntes sorriem para ele, e suas reuniões, mesmo com pessoas difíceis, muitas vezes acabam sendo bastante agradáveis e muito bem-sucedidas.

Nós devemos ser capazes de levar a prática da sala de meditação às nossas vidas cotidianas. Precisamos discutir, entre nós, como fazer isso. Você pratica a respiração entre um telefonema e outro? Você pratica o sorriso enquanto corta cenouras? Você pratica o relaxamento depois de horas trabalhando duro? Essas são questões práticas. E se você souber aplicar a meditação na hora do jantar, no tempo de lazer, na hora de dormir, a meditação permeará sua vida diária, e também terá um efeito tremendo nos interesses sociais. A atenção plena pode permear as atividades do dia a dia, todo minuto, toda hora das nossas vidas diárias, e não ser somente uma descrição de algo distante.

Respirar e ceifar

Você já cortou grama, alguma vez, com uma foice de dois gumes? São poucas as pessoas que fazem isso hoje em dia. Cerca de dez anos atrás, eu levei uma foice de dois gumes para casa e tentei cortar a grama em torno do meu chalé com ela. Levou mais de uma semana até que eu conseguisse encontrar a melhor maneira de usá-la. A postura como você fica em pé, a maneira como segura a foice, o ângulo da lâmina sobre a grama, tudo é importante. Eu achei que se eu coordenasse o movimento dos meus braços com o ritmo da minha respiração, e trabalhasse sem pressa mantendo a consciência da minha atividade, eu seria capaz de trabalhar por um período de tempo maior. Quando eu não fazia dessa forma, ficava cansado em apenas dez minutos.

Nos últimos anos, eu tenho evitado me cansar a ponto de perder o fôlego. Eu devo cuidar do meu corpo, tratá-lo com respeito como um músico faz com o seu instrumento. Eu aplico o princípio da não violência ao meu corpo, pois meu corpo não é apenas um instrumento para realizar algo. Ele é um fim em si mesmo. Eu trato minha foice da mesma forma. Enquanto estou usando-a, seguindo minha respiração, sinto que nós dois, minha foice e eu, respiramos juntos no mesmo ritmo. Isso se aplica também a muitos outros instrumentos.

Um dia um senhor idoso veio visitar o meu vizinho, e se ofereceu para me mostrar como usar uma estrovenga ou foice de dois gumes. Ele era muito mais perito no assunto do que eu, mas na maior parte do tempo ele usou a mesma posição e movimentos que eu já usava. Fiquei surpreso com o fato de ele também coordenar os movimentos com a respiração. Desde então, sempre que vejo alguém cortando grama com uma estrovenga, sei que aquela pessoa está praticando o estado de ser consciente.

Ausência de propósito

No ocidente, estamos muito empenhados em atingir metas. Sabemos para onde queremos ir, e ficamos bem determinados em chegar lá. Isso pode ser útil, mas geralmente nos esquecemos de nos divertir ao longo do caminho.

Tem uma palavra no budismo que significa "ausência de desejo" ou "ausência de propósito". A ideia é a de você não colocar algo diante de si e sair correndo atrás daquilo, porque tudo já está aqui, dentro de você mesmo. Enquanto praticamos a meditação andando, não tentamos chegar a lugar algum. Simplesmente damos passos em paz e felizes. Se continuarmos pensando no futuro, no que queremos realizar, nós vamos perder o passo. O mesmo acontece quando nos sentamos para meditar. Sentamo-nos simplesmente para desfrutar aquela sessão; não nos sentamos para atingir um objetivo qualquer. Isso é muito importante. Cada instante que passamos sentados meditando nos traz a vida de volta, e devemos nos sentar de um modo que possamos apreciar o fato de estarmos sentados durante todo tempo em que estivermos sentados. Se estivermos comendo uma tangerina, bebendo uma xícara de chá, ou andando em meditação, nós devemos fazê-lo de uma maneira "sem propósito".

Geralmente dizemos a nós mesmos: "Não fique aí sentado, faça alguma coisa!" Mas quando praticamos o estar consciente, descobrimos algo incomum. Descobrimos que o oposto pode ser mais útil: "Não fique só fazendo algo, sente-se aí!" De vez em quando, é preciso parar para ver com clareza. No início, "parar" pode parecer como uma espécie de resistência à vida moderna, mas não é. Não é apenas uma reação; é um modo de vida. A sobrevivência da humanidade depende da nossa capacidade de parar de correr. Nós temos mais de cinquenta mil bombas nucleares, mas não conseguimos parar de fabricar mais. "Parar" não significa apenas interromper o negativo, mas permitir que a cura positiva aconteça. Esse é o propósito de nossa prática – não evitar a vida, mas experimentar e demonstrar que é possível ter felicidade na vida, tanto agora como no futuro.

O alicerce da felicidade é a atenção plena. A condição básica para ser feliz é a nossa consciência de estar feliz. Se não estivermos cientes de que estamos felizes, não somos realmente felizes. Quando temos uma dor de dente, sabemos que não ter dor de dente é algo maravilhoso. Mas quando não estamos com dor de dente, mesmo assim, não estamos felizes. Uma *não dor* de dente é muito agradável. Existem tantas coisas agradáveis, mas quando não praticamos a plena atenção, nós não as apreciamos. Quando praticamos atenção plena, passamos a valorizar essas coisas e aprendemos a protegê-las. Ao cuidarmos bem do momento presente, nós cuidamos bem do futuro. Trabalhar pela paz no futuro significa trabalhar pela paz no momento presente.

Nossa vida é uma obra de arte

Após um retiro no sul da Califórnia, um artista me perguntou: "De que maneira eu devo olhar uma flor para que eu possa aproveitá-la ao máximo na minha arte?" Eu respondi: "Se você olhar dessa maneira, não consegue estar em contato com a flor. Abandone todos os seus projetos para que possa estar com a flor sem intenção de explorá-la ou de conseguir algo dela". O mesmo artista me disse: "Quando estou com um(a) amigo(a), eu quero me aproveitar dele ou dela". É claro que podemos tirar proveito de um(a) amigo(a), mas um(a) amigo(a) é mais que uma fonte de benefício. Simplesmente estar com um amigo, sem pensar em pedir seu apoio, ajuda ou conselho, é uma arte.

Já se tornou uma espécie de hábito olhar para as coisas com a intenção de conseguir alguma coisa. Nós chamamos isso de "pragmatismo" e dizemos que a verdade é algo que tem preço. Se meditarmos a fim de chegar à verdade, parece que seremos bem pagos. Na meditação, nós paramos e contemplamos profundamente. Nós paramos para simplesmente estarmos presentes, conosco e com o mundo. Quando somos capazes de parar, nós começamos a ver e, se pudermos ver, entenderemos. Paz e felicidade são o fruto desse processo. Devemos dominar a arte de parar para realmente estarmos com o nosso amigo e com a flor.

Como podemos levar elementos de paz a uma sociedade tão acostumada a obter lucros? Como é que o nosso sorriso poderia ser uma fonte de alegria e não apenas um artifício diplomático? Quando sorrimos para nós mesmos, esse sorriso não é diplomático; é uma prova de que somos nós mesmos, e de que temos plena soberania sobre nós mesmos. Será que conseguiríamos escrever um poema sobre parar, ausência de objetivo ou simplesmente ser? Será que poderíamos pintar sobre esses temas? Tudo o que fizermos será um ato poético ou uma pintura se o fizermos com atenção plena. Cultivar alface é poesia. Caminhar até o supermercado pode ser uma pintura.

Quando não nos preocupamos em saber se algo é, ou não, uma obra de arte, e simplesmente agimos todo momento com compostura e atenção, cada minuto da nossa vida é uma obra de arte. Mesmo se não estivermos pintando ou escrevendo, ainda estamos criando. Estamos grávidos de beleza, de alegria e paz, e estamos tornando a vida mais bela para muita gente. Às vezes é melhor não falar sobre "arte" usando a palavra "arte". Se simplesmente agirmos com consciência e integridade, nossa arte florescerá, sem que precisemos falar sobre ela de forma alguma. Quando sabemos *ser* paz, vamos achar que a arte é uma maneira maravilhosa de compartilhar nossa pacificidade. A expressão artística ocorrerá de uma forma ou de outra, mas *ser* é o essencial. Então devemos nos voltar para dentro nós mesmos e quando tivermos alegria e paz interior, nossas criações artísticas serão bem naturais, e servirão ao mundo de maneira positiva.

Esperança como um obstáculo

A esperança é importante, pois pode tornar o momento presente mais suportável. Se acreditarmos que amanhã será melhor poderemos suportar uma dificuldade hoje. Mas isso é o máximo que a esperança pode fazer por nós: amenizar algumas dificuldades. Quando reflito profundamente sobre a natureza da esperança, vejo algo trágico. Como nos apegamos a uma esperança futura, não direcionamos nossas energias e capacidades para o momento presente. Usamos a esperança para acreditar que algo melhor acontecerá no futuro, que chegaremos à paz ou ao Reino de Deus. A esperança se torna um tipo de obstáculo. Se você se abstiver de esperançar poderá se entregar inteiramente ao momento presente e descobrir uma alegria já existente aqui.

Iluminação, paz e alegria não serão doadas por outra pessoa. A fonte está dentro de nós e, se cavarmos profundamente no momento presente, a água jorrará. Precisamos nos voltar ao momento presente para estarmos realmente vivos. Quando respiramos conscientemente, estamos praticando o regressar ao momento presente, onde tudo está acontecendo.

A civilização ocidental coloca tanta ênfase na ideia da esperança, que sacrificamos o momento presente. Esperança é para o futuro. Não pode nos ajudar a descobrir alegria, paz ou iluminação no presente momento. Muitas religiões se baseiam na noção de esperança, e esse ensinamento sobre não esperançar pode provocar uma forte reação. Mas o choque pode fazer surgir algo importante. Eu não estou querendo dizer que você não deve ter esperança, mas sim que ter esperança não basta. A esperança pode criar um obstáculo para você e, se você permanecer na energia da esperança, não se voltará inteiramente ao momento presente. Se você recanalizar suas energias para o estar ciente do que está acontecendo no momento presente, poderá fazer uma descoberta e descobrir alegria e paz no momento presente, dentro de você e ao seu redor.

A.J. Muste, o líder do movimento pela paz nos Estados Unidos, que em meados do século XX inspirou milhões de pessoas, disse: "Não há caminho que leve à paz, a paz é o caminho". Isso significa que podemos realizar paz exatamente aqui no momento presente com o nosso olhar, o nosso sorriso, as nossas palavras e ações. O trabalho de paz não é um meio. Cada passo que damos deve ser a paz. Cada passo que fazemos deve ser alegria. Cada passo que damos deve ser felicidade. Com determinação, podemos fazer isso. Não precisamos do futuro. Podemos sorrir e relaxar. Tudo o que queremos existe exatamente aqui no momento presente.

Lampejos da flor

Há uma história sobre uma flor bem conhecida nos círculos zen. Um dia, Buda segurou uma flor diante de uma plateia de 1.250 monges e monjas. Ele não disse coisa alguma por um bom tempo. A plateia estava perfeitamente silenciosa. Todos pareciam estar muito pensativos, tentando compreender o significado por trás do gesto de Buda. Então, de repente, Buda sorriu. Ele sorriu porque alguém na plateia sorriu para ele e para a flor. Esse monge se chamava Mahakashyapa. Ele foi a única pessoa que sorriu, e Buda sorriu de volta para ele e disse: "Eu tive um lampejo precioso e o transmiti para Mahakashyapa". Essa história vem sendo discutida por muitas gerações de alunos zen e as pessoas continuam a buscar significado nela. Para mim, o significado é bem simples. Quando alguém segura uma flor e a mostra para você, ele quer que você a veja. Se continuar pensando, você deixa de ver a flor. A pessoa que não estava pensando, que estava simplesmente sendo ele mesmo, foi capaz de encontrar a flor em profundidade, e sorriu.

Esse é o problema da vida. Se não formos totalmente nós mesmos, verdadeiramente no momento presente, deixamos de perceber tudo. Quando uma criança se apresenta para você com o sorriso dela, se você não estiver realmente presente – ou se estiver pensando no futuro ou no passado, ou preocupado com outros problemas – a criança não estará realmente ali presente para você. A técnica de estar vivo é voltar-se para si mesmo para que a criança apareça como uma realidade maravilhosa. Então você pode vê-la sorrir e envolvê-la em seus braços.

Eu gostaria de compartilhar, com você, um poema escrito por um amigo meu que morreu com vinte e oito anos em Saigon, cerca de trinta anos atrás. Depois da morte dele, as pessoas encontraram inúmeros poemas lindos escritos por ele, e fiquei admirado quando li este poema. Tem apenas algumas pequenas linhas, mas é muito bonito:

> De pé em silêncio ao lado da cerca,
> você sorri seu maravilhoso sorriso.
> Fico sem palavras, e meus sentidos se enchem
> Com os sons da sua linda canção,
> sem começo e sem fim.
> De mãos postas eu me curvo reverenciando você.

"Você" se refere a uma flor, uma dália. Naquela manhã, ao passar por uma cerca, ele viu de maneira muito profunda aquela florzinha e, tocado pelo que via, parou e escreveu esse poema.

Eu gosto muito desse poema. Talvez você pense que o poeta era um místico, pois sua maneira de olhar e ver as coisas é muito profunda. Mas ele era apenas uma pessoa comum como qualquer um de nós. Eu não sei como ou por que ele conseguiu olhar e ver desse modo, mas é exatamente assim que praticamos a atenção plena. Tentamos estar em contato com a vida e olhar profundamente enquanto bebemos nosso chá, andamos, sentamos ou fazemos um arranjo de flores. O segredo do sucesso é que você seja quem você realmente é, e quando você é realmente quem você é, pode ter um encontro com a vida no momento presente.

Sala da respiração

Temos um espaço para tudo – para comer, dormir, ver televisão – mas não temos um espaço para praticar a atenção plena. Eu sugiro que nós criemos um pequeno espaço em casa e o chamemos de "sala da respiração", onde possamos ficar a sós e simplesmente praticando a respiração e o sorriso, pelo menos em momentos difíceis. Essa pequena sala deve ser considerada como uma "embaixada do reino da paz". Deve ser respeitada e não violada por raivas, gritos ou coisas do tipo. Quando uma criança estiver prestes a receber um grito de alguém, ela pode se refugiar naquela sala. E nem o pai nem a mãe poderão mais gritar com ela. Ela estará à salvo no interior do recinto daquela "embaixada". Os pais também precisam, às vezes, se refugiar naquele espaço para sentar, respirar, sorrir e se recompor. Portanto, esse espaço é para o benefício de toda a família.

E sugiro que a sala da respiração seja decorada de maneira muito simples e que não seja muito clara. Talvez você queira ter um sininho com um som bonito, algumas almofadas ou cadeiras, e quem sabe até um vaso de flores para nos lembrarmos da nossa verdadeira natureza. Você ou os seus filhos podem fazer um arranjo de flores, sorrindo com plena atenção. Toda vez que você se sentir um pouco chateado, você sabe que a melhor coisa a fazer é ir até aquela sala, abrir a porta devagar, sentar, convidar o sino a soar – no meu país não dizemos "bater" o sino – e começar a respirar conscientemente. O sino ajudará não só aquela pessoa na sala de respiração, como também as outras que estiverem em casa.

Suponha que o seu marido esteja irritado. Como ele aprendeu a prática da respiração, ele sabe que a melhor coisa a fazer é entrar naquela sala, sentar e praticar. Pode ser que você não tenha percebido para onde ele foi; você está ocupada cortando cenouras na cozinha. Mas você também sofre, porque vocês dois acabaram de ter alguma discussão. Você está cortando cenouras de forma um pouco abrupta, porque a energia da sua raiva está sendo traduzida em movimentos. De repente, você ouve o sino e sabe o que fazer. Você para de cortar, inspira e expira. Você se sente melhor e pode sorrir pensando no seu marido, que ele sabe o que fazer quando está irritado. Ele agora está sentado na sala da respiração, respirando e sorrindo. Isso é maravilhoso; não são muitas pessoas que fazem isso. De repente, surge um sentimento de ternura e você se sente muito melhor. Depois de três respirações, você recomeça a cortar cenouras, mas, desta vez, de uma forma bem diferente.

A sua filha, que estava assistindo à cena, sabia que uma espécie de temporal iria acontecer. Ela tinha se retirado para o quarto, fechado a porta e esperava em silêncio. Mas em vez de uma tempestade, ela ouviu o soar do sino e entendeu o que estava acontecendo. Ela se sentiu tão aliviada, que que quis mostrar ao pai o seu apreço. Ela foi devagarzinho até a sala da respiração, abriu a porta e entrou silenciosamente e se sentou ao lado dele para demonstrar o seu apoio. Isso o ajudou muito. Ele já estava pronto para sair – pois agora ele é capaz de sorrir –, mas como a filha estava ali sentada, ele quis soar o sino novamente para sua filha respirar.

Na cozinha, você ouve o segundo soar do sino e sabe que cortar cenouras pode não ser a melhor coisa a ser feita naquele momento. Então, você guarda sua faca e entra na sala da respiração. Seu marido está ciente de que a porta está se abrindo e você está entrando. Então, mesmo estando bem agora, como você está chegando, ele fica por mais algum tempo e convida o sino para você respirar. Essa é uma linda cena. Se for muito rico, você pode comprar uma pintura preciosa de Van Gogh e pendurá-la na sua sala de estar. Mas será menos bonita do que essa cena na sala de respiração. A prática da paz e da reconciliação é uma das ações humanas mais vitais e artísticas.

Eu conheço famílias em que as crianças vão até a sala da respiração após o café da manhã, sentam-se e respiram contando "inspirando, expirando, um", "inspirando, expirando, dois", "inspirando, expirando, três", e assim por diante até dez; depois vão à escola. Se o seu filho não deseja respirar dez vezes, talvez três vezes já seja suficiente. Começar o dia dessa maneira é muito bonito e muito benéfico para todos da família. Se estiver atento de manhã e buscando nutrir a atenção plena ao longo do dia, você poderá voltar para casa no final do dia com um sorriso, o que prova que a atenção plena ainda existe.

Eu acredito que todo lar deveria ter uma sala da respiração. Práticas simples como respirar e sorrir conscientemente são muito importantes, e podem transformar nossa civilização.

Continuando a jornada

Nós caminhamos juntos em plena consciência, aprendendo a respirar e a sorrir plenamente conscientes, em casa, no trabalho e ao longo do dia. Discutimos a ideia de comer conscientemente, lavar a louça, dirigir, atender ao telefone e até mesmo aparar o mato com uma foice de dois gumes. A atenção plena é a base de uma vida feliz.

Mas como podemos lidar com emoções difíceis? O que devemos fazer quando sentimos raiva, ódio, remorso ou tristeza? Há muitas práticas que aprendi e várias que descobri nos últimos quarenta anos trabalhando com esses tipos de estados mentais. Vamos continuar juntos nessa jornada e experimentar algumas dessas práticas?

PARTE II

Transformação e cura

O rio dos sentimentos

Os nossos sentimentos desempenham um papel muito importante no direcionamento de todos os nossos pensamentos e ações. Há, em nós, um rio de sentimentos no qual cada gota d'água é um sentimento específico, e, para existir, cada sentimento conta com todos os demais. Para observá-lo, nós simplesmente nos sentamos às margens do rio para identificar cada sentimento no momento em que vem à tona, flui e desaparece.

Há três tipos de sentimentos: agradáveis, desagradáveis e neutros. Quando temos um sentimento desagradável, pode ser que queiramos nos livrar dele. Mas será mais efetivo nos voltarmos à nossa respiração consciente e apenas observá-lo, identificando-o silenciosamente para nós mesmos: "Inspirando, eu sei que há um sentimento desagradável em mim. Expirando, eu sei que há um sentimento desagradável em mim". Chamar um sentimento pelo próprio nome, como "raiva", "aflição", "alegria" ou "felicidade", nos ajuda a identificá-lo claramente e reconhecê-lo em maior profundidade.

Nós podemos usar a respiração para entrar em contato com os nossos sentimentos e aceitá-los. Se nossa respiração estiver calma e leve – que é um resultado natural de respirar conscientemente – nosso corpo e mente vão aos poucos se tornando leves, calmos e esclarecidos, e os nossos sentimentos também. A observação consciente está baseada no princípio da "não dualidade": o nosso sentimento não existe separado de nós ou é meramente causado por algum fator exterior a nós; nosso sentimento *é* nós, e naquele momento nós *somos* aquele sentimento. Nem somos afogados nem aterrorizados pelo sentimento, tampouco o rejeitamos. Nossa atitude de não nos agarrar ou rejeitar nossos sentimentos é a atitude de deixar ir, uma parte importante da prática de meditação.

Se olharmos de frente nossos sentimentos desagradáveis com carinho, afeição e não violência, nós podemos transformá-los num tipo de energia saudável e capaz de nos nutrir. Através do trabalho de observarmos atentamente, os sentimentos desagradáveis podem nos iluminar muito mesmo, nos oferecendo insights e compreensão sobre nós mesmos e a sociedade.

Sem cirurgia

A medicina ocidental dá muita importância à cirurgia. Os médicos querem remover tudo o que é indesejado. Quando temos algo irregular em nosso corpo, na maioria das vezes, eles nos aconselham fazer uma operação. Parece que o mesmo acontece na psicoterapia. Os terapeutas querem nos ajudar a jogar fora o indesejado e a manter somente o que queremos. Mas o que resta pode não ser muito. Se tentarmos jogar fora o que não queremos, podemos jogar fora a maior parte de nós.

Em vez de agir como se pudéssemos descartar partes de nós mesmos, devemos aprender a arte da transformação. Por exemplo: podemos transformar nossa raiva em algo mais saudável, como a compreensão. Não precisamos de cirurgia para nos livrar da raiva. Se tivermos raiva da nossa raiva, vamos ter duas raivas ao mesmo tempo. Só precisamos observá-la com amor e atenção. Cuidando da nossa raiva dessa maneira, sem tentar fugir dela, ela se transformará. Isso é pacificador. Se estivermos em paz conosco, podemos fazer as pazes com a nossa raiva. Podemos lidar, da mesma maneira, com a depressão, a ansiedade, o medo ou qualquer sentimento desagradável.

Transformando sentimentos

O primeiro passo para lidarmos com nossos sentimentos é reconhecer cada sentimento logo que ele surgir. O agente que faz isso é a atenção plena. No caso do medo, por exemplo, você põe pra fora sua atenção plena, olha para o medo, e o reconhece enquanto medo. Você sabe que o medo nasce de dentro de você e que a atenção também surge de você mesmo. Ambos estão em você, sem lutarem, mas um cuidando do outro.

O segundo passo é tornar-se um com o sentimento. O melhor é não dizer: "Vá embora, Medo. Eu não gosto de você. Você não sou eu". É muito mais efetivo dizer: "Olá, Medo. Como você está hoje?" Assim, você pode convidar os dois aspectos de si mesmo, a atenção e o medo, para darem um aperto de mãos como amigos, e se tornarem um. Fazer isso pode ser que pareça assustador, mas como você sabe que é muito mais do que o seu medo apenas, você não precisa temê-lo. Enquanto a atenção plena estiver presente poderá ser uma dama de companhia para o seu medo. A prática fundamental é respirar conscientemente para nutrir a atenção plena, e mantê-la presente, viva e forte. Mesmo que sua atenção plena não seja muito forte no início, se você a nutrir, ela se fortalecerá. Enquanto a atenção plena estiver presente, você não se afogará no seu medo. Na verdade, você começa a transformar o medo já no momento em que dá luz à consciência dentro de si.

O terceiro passo é acalmar o sentimento. Como a atenção plena está cuidando bem do seu medo, você começa a acalmá-lo. "Inspirando, eu acalmo as atividades do meu corpo e mente". Você acalma seu sentimento só por estar com ele, como uma mãe segurando o bebê nos braços com ternura. Ao sentir a ternura da sua mãe, o bebê vai se acalmando e até parar de chorar. A mãe é a sua atenção plena, nascida das profundezas da sua consciência, que acalmará a sensação de dor. Enquanto abraça o bebê a mãe é uma com ele. Se a mãe estiver pensando em outras coisas, o bebê não vai se acalmar. A mãe tem que deixar de lado outras coisas e apenas segurar o bebê. Então, não tente se esquivar do seu sentimento. Não diga: "Você não é importante. Você é apenas um sentimento". Venha e seja um com ele. Você pode dizer, "Expirando, eu acalmo meu medo".

O quarto passo é largar o sentimento, deixá-lo ir. Por estar calmo, você se sente à vontade, mesmo em meio ao perigo, e você saiba que o seu medo não se transformará em algo que vai dominá-lo. Quando você sabe que é capaz de cuidar do seu medo, ele já se reduz ao mínimo, tornando-se mais suave e não tão desagradável. Agora você pode sorrir para ele e deixá-lo ir embora, mas, por favor, não pare por aí. Acalmar e soltar são medicamentos apenas para os sintomas. Você agora tem a oportunidade de ir mais fundo e trabalhar para transformar a fonte do seu medo.

O quinto passo é olhar profundamente. Você examina profundamente seu bebê – que é o seu sentimento de medo – para ver o que há de errado, mesmo depois de o bebê já ter parado de chorar, depois do medo ter desaparecido. Você não pode ficar sustentando seu bebê o tempo todo e, portanto, você tem que observá-lo para ver a causa do que está errado. Examinando, você compreenderá o que vai facilitar a transformação do sentimento. Você vai compreender, por exemplo, que o sofrimento do bebê tem muitas causas internas e externas. Se algo estiver errado em volta dele, e você colocar aquilo em ordem, trazendo ternura e cuidado para a situação, ele se sentirá melhor. Observando seu bebê, você compreende quais são os elementos que o estão fazendo chorar, e quando você os vê, saberá o que fazer e o que não fazer para transformar o sentimento e ser livre.

Este processo se assemelha ao psicoterapêutico. Com o paciente, o terapeuta observa a natureza da dor. Muitas vezes, uma terapeuta pode descobrir causas de sofrimento que derivam da forma como o paciente olha as coisas, as crenças que ele tem sobre si mesmo, sua cultura e o mundo. O terapeuta examina esses pontos de vista e crenças com o paciente, e o ajuda a se libertar do tipo de prisão em que ele se encontra. Mas os esforços do paciente são cruciais. Um professor precisa dar à luz o professor que há dentro do aluno, e um psicoterapeuta deve dar à luz o psicoterapeuta que há no paciente. O "psicoterapeuta interno" do paciente pode então trabalhar tempo integral de maneira muito efetiva.

O terapeuta não trata o paciente simplesmente lhe dando um outro conjunto de crenças. Ela tenta ajudá-lo a ver quais tipos de ideias e crenças o levaram ao seu estado de sofrimento. Muitos pacientes querem se livrar dos seus sentimentos dolorosos, mas sem querer abrir mão de suas crenças, pontos de vista que são as raízes dos seus sentimentos. Então, terapeuta e paciente têm que trabalhar juntos para ajudar o paciente a ver as coisas como são. O mesmo se aplica quando usamos atenção plena para transformar nossos sentimentos. Depois de reconhecer o sentimento, de nos tornar um com ele, de acalmá-lo e liberá-lo, podemos olhar em profundidade para suas causas, que muitas vezes estão baseadas em percepções equivocadas. Logo que entendemos as causas e a natureza dos nossos sentimentos, eles começam a se transformar.

Atenção plena da raiva

A raiva é um sentimento desagradável. É como um fogo em chamas que destrói nosso autocontrole e nos instiga a dizer e fazer coisas de que depois nos arrependemos. Quando alguém está com raiva, podemos ver claramente que aquela pessoa está vivendo num inferno. Raiva e ódio são as substâncias que constituem o inferno. Uma mente sem raiva é calma, bem-disposta e sensata. Ausência de raiva é a base da verdadeira felicidade, a base do amor e da compaixão.

Quando nossa raiva é colocada sob a lamparina da atenção plena, imediatamente começa a perder um pouco da sua natureza destrutiva. Podemos dizer para nós mesmos: "Inspirando, eu sei que a raiva está em mim. Expirando, eu sei que sou minha raiva". Se acompanharmos de perto nossa respiração enquanto nos identificamos e observamos nossa raiva com atenção, ela não mais conseguirá monopolizar nossa consciência.

A consciência pode ser convocada para acompanhar nossa raiva. A consciência que temos da nossa raiva não a suprime nem a dirige, simplesmente cuida dela. Esse é um princípio muito importante. A atenção plena não é um juiz. Se parece mais como uma irmã mais velha cuidando e consolando sua irmã mais nova de uma maneira cuidadosa e afetuosa. Podemos nos concentrar na respiração, a fim de manter essa atenção plena e nos conhecermos inteiramente.

Quando estamos zangados, geralmente não estamos propensos a nos voltarmos para dentro de nós. Queremos pensar sobre a pessoa que está nos deixando furiosos, pensar em seus aspectos odiosos – sua grosseria, desonestidade, crueldade, malícia, e assim por diante. Quanto mais pensamos nele, escutamos ou olhamos para ele, mais a nossa raiva flameja. Sua desonestidade e ódio podem ser reais, imaginários, ou exagerados, mas a raiz do problema é, de fato, a própria raiva, e temos que regressar e examiná-la dentro de nós em primeiro lugar. O melhor é que não escutemos ou olhemos para a pessoa que consideramos ser a causa da nossa raiva. Como um bombeiro, temos que primeiro jogar água no fogo e não perder tempo procurando quem ateou fogo na casa. "Inspirando, eu sei que estou com raiva. Expirando, eu sei que devo direcionar toda a minha energia para cuidar da minha raiva". Então, evitamos pensar na outra pessoa, e nos abstemos de fazer ou dizer qualquer coisa, enquanto nossa raiva persistir. Se estivermos totalmente atentos, observando nossa raiva, vamos evitar cometer qualquer dano de que possamos nos arrepender depois.

Quando estamos com raiva, a raiva é o nosso próprio eu. Suprimi-la ou afugentá-la significa suprimir ou afugentar o nosso eu. Quando estamos alegres, somos a alegria. Quando estamos com raiva, somos a raiva. Quando a raiva brota em nós, podemos estar cientes de que a raiva é uma energia nossa, e podemos aceitar essa energia para transformá-la em outro tipo de energia. Quando temos uma caixa de compostagem cheia de material orgânico que está se decompondo e fedendo, nós sabemos que podemos transformar os resíduos em lindas flores. A princípio, podemos ver a compostagem e as flores como coisas opostas, mas quando examinamos profundamente, vemos que as flores já existem na compostagem, e a compostagem já existe nas flores. Só leva algumas semanas para uma flor se decompor. Quando uma boa jardineira orgânica olha sua compostagem, pode entender isso, e não se sente triste ou enojada. Pelo contrário, valoriza o material em decomposição e não o discrimina. Só leva alguns meses para o adubo orgânico dar à luz flores. Precisamos do discernimento da visão não dual do jardineiro orgânico em relação à nossa raiva. Não precisamos temê-la ou rejeitá-la. Sabemos que a raiva pode ser uma espécie de adubo, e que está dentro de seu poder fazer brotar algo belo. Precisamos da raiva da mesma maneira como o jardineiro orgânico precisa da compostagem. Se soubermos aceitar nossa raiva, nós já temos alguma paz e alegria. Podemos transformar gradualmente toda a raiva em paz, amor e compreensão.

Esmurrando o travesseiro

Expressar raiva nem sempre é a melhor maneira de lidar com a raiva. Ao expressá-la podemos estar praticando ou ensaiando a raiva, e a fortalecendo nas profundezas da nossa consciência. Expressar raiva para a pessoa de quem estamos com raiva pode causar muito prejuízo.

Alguns de nós podem preferir entrar no seu quarto, trancar a porta e esmurrar um travesseiro. Chamamos isso de "entrar em contato com nossa raiva". Mas eu não acho que isso seja entrar em contato com a raiva de forma alguma. Na verdade, acho que nem mesmo signifique entrar em contato com o travesseiro. Se estivermos realmente em contato com o travesseiro, sabemos o que é um travesseiro e não vamos bater nele. Mesmo assim, essa técnica pode funcionar temporariamente, pois enquanto batemos no travesseiro, gastamos muita energia e, depois de um tempo, ficamos exaustos e nos sentimos melhor. Mas as raízes da nossa raiva continuam intactas, e se sairmos e comermos algum alimento nutritivo, nossa energia será renovada. Se as sementes da nossa raiva forem regadas novamente, nossa raiva renascerá, e vamos ter que bater novamente no travesseiro.

Esmurrar o travesseiro pode proporcionar algum alívio, mas que não é muito duradouro. Para que haja uma transformação real, temos que lidar com as raízes da nossa raiva, examinando profundamente suas causas. Se não fizermos isso, as sementes da raiva vão crescer novamente. Se praticarmos o viver consciente, plantando sementes novas, saudáveis e benéficas, essas sementes vão cuidar da nossa raiva, e podem transformá-la sem que tenhamos de pedir para que façam isso.

Nossa atenção cuidará de tudo, como a luz solar cuida da vegetação. O sol não aparenta estar fazendo muito, ele só brilha sua luz na vegetação, mas transforma tudo. Papoulas se fecham toda vez que escurece, mas quando o sol brilha sobre elas por uma ou duas horas, elas se abrem. O sol penetra nas flores e, em algum momento, as flores não podem resistir, elas têm que simplesmente se abrir. Da mesma forma, se a atenção plena for praticada continuamente, proporcionará uma espécie de transformação interna da flor da nossa raiva, e ela se abrirá e nos mostrará sua própria natureza. Quando entendermos a natureza – as raízes da nossa raiva – nós nos libertaremos dela.

Caminhando em meditação com a raiva

Quando a raiva surge, podemos querer sair para praticar a caminhada meditativa. O ar fresco, as árvores verdes e as plantas vão nos ajudar muito. Nós podemos praticar assim:

> Inspirando, eu sei que a raiva está aqui.
> Expirando, eu sei que a raiva sou eu.
> Inspirando, eu sei que a raiva é desagradável.
> Expirando, eu sei que esse sentimento vai passar.
> Inspirando, estou calma(o).
> Expirando, estou forte o bastante para cuidar dessa raiva.

Para diminuir o sentimento desagradável causado pela raiva, nós nos entregamos de corpo e alma à prática da caminhada meditativa, combinando nossa respiração com os nossos passos e dando atenção total ao contato das solas dos nossos pés com o chão. Enquanto caminhamos, recitamos esse verso e esperamos até que estejamos suficientemente calmos para olhar a raiva de frente. Até lá, podemos aproveitar nossa respiração, nossa caminhada e as belezas do meio ambiente. Depois de um tempo, nossa raiva diminuirá, e vamos sentir-nos mais fortes. Então podemos começar a observar a raiva de frente e tentar entendê-la.

Cozinhando nossas batatas

Graças à esclarecedora luz da consciência, depois de termos praticado observando conscientemente por algum tempo, começamos a ver as causas principais da nossa raiva. Meditar nos ajuda a olhar os fenômenos em profundidade a fim de compreender sua natureza. Se olharmos para a nossa raiva, podemos ver suas raízes, como as da incompreensão, inabilidade, injustiça, ressentimento ou condicionamento. Essas raízes podem estar presentes em nós mesmos e na pessoa que desempenhou o papel principal em desencadear nossa raiva. Nós observamos atentamente para sermos capazes de ver e compreender. Ver e compreender são os elementos da libertação que proporciona amor e compaixão. O método da observação consciente, para examinar e compreender as raízes da raiva, é um método cuja eficácia é duradoura.

Não podemos comer batatas cruas, mas não as jogamos fora só porque estão cruas. Nós sabemos que podemos cozinhá-las. Então, colocamos as batatas numa panela com água, tampamos a panela e a colocamos no fogo. O fogo é a atenção plena, a prática de respirar conscientemente focando em nossa raiva. A tampa simboliza nossa concentração, pois evita que o calor saia da panela. Quando estamos praticando a respiração consciente, inspirando e expirando, observando nossa raiva, precisamos de alguma concentração para nossa prática ser forte. Portanto, nos afastamos de todas as distrações e focamos no problema. É mais fácil se praticarmos ao ar livre junto à natureza, entre as árvores e flores.

Assim que colocamos a panela no fogo, acontece uma mudança. A água começa a aquecer. Dez minutos depois, ferve, mas temos que manter o fogo aceso por mais algum tempo, a fim de cozinhar nossas batatas. Durante a prática de estarmos conscientes da nossa respiração e da nossa raiva, uma transformação já está ocorrendo. Depois de meia hora, nós levantamos a tampa e o cheiro está um pouco diferente. Sabemos que agora podemos comer nossas batatas. A raiva foi transformada em outro tipo de energia – compreensão e compaixão.

As raízes da raiva

A raiva está enraizada em nossa falta de compreensão de nós mesmos e das causas, profundas e imediatas, que provocaram essa desagradável situação. A raiva também está enraizada no desejo, orgulho, perturbação e suspeição. As raízes primárias da nossa raiva estão dentro de nós mesmos. O meio ambiente e outras pessoas são apenas secundários. Não é difícil para nós aceitarmos o enorme dano provocado por um desastre natural, como um terremoto ou uma enchente. Mas quando o dano é causado por outra pessoa, nós não temos muita paciência. Sabemos que terremotos e inundações têm suas causas, e devemos compreender que o indivíduo que provocou nossa raiva também tem razões, profundas e imediatas, para fazer aquilo que ele fez.

Por exemplo, alguém que fala de forma grosseira conosco pode ter sido tratado exatamente da mesma forma um dia antes, ou pelo pai alcoólatra quando ele ainda era criança. Quando vemos e entendemos esses tipos de causas, podemos começar a nos libertar da nossa raiva. Eu não estou dizendo que alguém que nos agride violentamente não deva ser punido. Mas o mais importante é que primeiro cuidemos das sementes da negatividade dentro de nós mesmos. Então se alguém precisa ser ajudado ou sujeito a um castigo disciplinar, nós vamos fazer isso por compaixão, e não por raiva ou por vingança. Se nós realmente tentarmos compreender o sofrimento da outra pessoa, estamos mais propensos a agir de uma maneira que vai ajudá-la a superar seu sofrimento e confusão, e isso vai ajudar todos nós.

Formações internas

Há um termo na psicologia budista que poderia ser traduzido como "formações internas", "algemas" ou "nós". Quando ocorre uma entrada sensorial, dependendo da forma como a recebemos, um nó pode ser amarrado dentro de nós. Quando alguém fala de um modo grosseiro conosco, se compreendermos o porquê disso, e não levarmos a sério aquelas palavras, não vamos ficar irritados de forma alguma, e nó nenhum será atado. Mas se não compreendermos por que falaram conosco daquela forma e ficarmos irritados um nó será amarrado em nós. A ausência de entendimento claro é a base de cada nó.

Se praticarmos a plena consciência, seremos capazes de reconhecer as formações internas logo que se formarem, e vamos encontrar formas de transformá-las. Por exemplo, uma esposa pode ouvir o marido contando bravatas numa festa, e sentir dentro de si a formação da falta de respeito. Se ela e o marido conversarem sobre isso, poderão compreender claramente o que houve, e o nó interno dela será facilmente desatado. As formações internas precisam de toda a nossa atenção, logo que se manifestam, enquanto ainda estão fracas, para que o trabalho de transformação seja fácil.

Se não desatarmos os nossos nós logo que se formam, eles vão ficando cada vez mais apertados e fortes. Nossa mente racional, consciente, sabe que os sentimentos negativos como raiva, medo e remorso não são inteiramente aceitáveis para nós ou para a sociedade, por isso encontra formas de reprimi-los, de empurrá-los para áreas remotas da nossa consciência, a fim de serem esquecidos. Porque queremos evitar sofrimento, nós criamos mecanismos de defesa que negam a existência desses sentimentos negativos e nos dão a impressão de termos paz interior. Mas nossas formações internas estão sempre procurando maneiras de se manifestarem enquanto imagens, sentimentos, pensamentos, palavras ou comportamento destrutivos.

A forma de lidar com formações internas inconscientes é, primeiramente, encontrar maneiras de nos tornarmos conscientes delas. A prática de respirar conscientemente, pode nos dar acesso a alguns dos nós que estão atados em nosso interior. Quando nos conscientizamos das nossas imagens, sentimentos, pensamentos, palavras e comportamento, podemos nos questionar: Por que será que eu me senti desconfortável quando ouvi ele dizer aquilo? Por que será que eu disse aquilo a ele? Por que será que, sempre que vejo aquela mulher, penso em minha mãe? Por que será que eu não gostei daquele personagem do filme? Quem será que eu odiei no passado que se assemelha a ela? Observar minuciosamente, dessa forma, pode gradualmente levar as formações internas enterradas em nós ao reino da mente consciente.

Durante a meditação sentada, depois de termos fechado as portas e janelas dos nossos sentidos, às vezes, as nossas formações internas inconscientes se revelam como imagens, sentimentos ou pensamentos. Podemos notar um sentimento de ansiedade, de medo ou insatisfação cujas causas não conseguimos entender. Então brilhamos a luz da nossa atenção sobre aquele sentimento, e nos preparamos para ver aquela imagem, sentimento ou pensamento em toda a sua complexidade. Quando o sentimento começa a mostrar sua cara, pode reunir forças e tornar-se mais intenso. Podemos achá-lo tão forte, que rouba a nossa paz, alegria e bem-estar, e podemos não querer mais entrar em contato com ele. Podemos decidir mudar nossa atenção para outro objeto de meditação ou suspender a meditação totalmente; podemos sentir sonolência ou dizer que preferimos meditar noutra hora. Em psicologia, isso é chamado de resistência. Estamos com medo de trazer à mente consciente os sentimentos de dor, que estão enterrados dentro de nós, porque eles vão nos fazer sofrer. Mas se estivemos praticando por algum tempo, respirando e sorrindo, vamos ter desenvolvido a capacidade de sentar em quietude e apenas observar os nossos medos. Enquanto estivermos em contato com nossa respiração e continuarmos a sorrir, podemos dizer: "Olá, Medo! Você está aí de novo!"

Tem gente que se senta em meditação muitas horas por dia e nunca realmente enfrenta seus sentimentos. Algumas pessoas dizem que os sentimentos não são importantes, e preferem dar atenção aos assuntos metafísicos. Eu não estou sugerindo que outros assuntos de meditação não sejam importantes, mas se estes não forem considerados em relação aos nossos problemas reais, nossa meditação não terá realmente muito valor ou utilidade.

Se soubermos viver cada momento de maneira desperta, estaremos conscientes do que está acontecendo com nossos sentimentos e percepções no momento presente, e não vamos permitir a formação de "nós", ou que os "nós" fiquem cada vez mais cegos em nossa consciência. Se soubermos observar nossos sentimentos, podemos encontrar as raízes antigas das formações internas e transformá-las, mesmo aquelas que se tornaram muito fortes.

Convivência

Quando vivemos com outra pessoa, para proteger a felicidade um do outro, devemos nos ajudar mutuamente a transformar as formações internas que juntos produzimos. As práticas da compreensão e fala amorosa podem nos ajudar muito. Ser feliz não é mais uma questão individual. Se a outra pessoa não estiver feliz, também não estaremos felizes. Transformar os "nós" da outra pessoa também ajuda a fazer surgir nossa própria felicidade. Uma esposa pode criar formações internas em seu marido e um marido pode fazê-lo em sua esposa, e se continuarem a criar "nós" um no outro, um dia não restará mais felicidade alguma. Por isso, logo que um nó for criado, a esposa, por exemplo, deve saber que um nó dentro dela acabou de ser atado. Ela não deve ignorar o nó. Deve observá-lo o tempo que for necessário e, com a ajuda do marido, transformá-lo. Ela poderia dizer: "Querido, eu acho que seria melhor discutirmos um conflito que vejo que está crescendo". Isso é fácil quando os estados mentais do marido e mulher ainda estão leves e não cheios de tantos "nós".

A causa raiz de qualquer formação interna é a falta de compreensão. Se pudermos compreender o mal-entendido que estava presente quando o nó foi criado, podemos facilmente desatá-lo. Praticar a observação consciente significa examinar em profundidade para ser capaz de compreender a natureza e as causas de algo. Um benefício importante desse tipo de *insight* é a desatamento dos nossos "nós".

Tal como é

No budismo, a palavra "talidade" (*suchness*) é usada significando "a essência ou características particulares de um fenômeno ou pessoa, sua verdadeira natureza". Cada pessoa tem a sua própria talidade. Se quisermos viver em paz e felizes com alguém, temos que ver a talidade dessa pessoa. Ao vermos isso, compreendemos ele ou ela, e não haverá mais problemas. Podemos viver juntos com tranquilidade e alegria.

Quando levamos gás natural para aquecer nossas casas e cozinharmos, sabemos da talidade do gás. Sabemos que o gás é perigoso, pode nos matar se não formos cuidadosos. Mas também sabemos que precisamos de gás para cozinhar, por isso não hesitamos em levá-lo para nossas casas. O mesmo acontece com a eletricidade. Poderíamos ser eletrocutados por ela, mas quando somos atentos, a eletricidade pode nos ajudar, e não há problema, pois sabemos algo sobre a talidade da eletricidade. Com uma pessoa acontece o mesmo. Se não soubermos o suficiente sobre a talidade daquela pessoa, podemos entrar numa encrenca. Mas se soubermos, poderemos nos divertir muito e nos beneficiar muito da companhia um do outro. A chave é conhecer a talidade da pessoa. Nós esperamos que a pessoa seja sempre uma flor. Também temos que compreender o lixo dela ou dele.

Examinando a própria mão

Eu tenho um amigo que é artista. Antes de ele partir do Vietnã, quarenta anos atrás, a mãe dele segurou na sua mão e lhe disse: "Toda vez que você sentir falta de mim, examine sua mão e você me verá imediatamente". Como são penetrantes estas palavras simples e sinceras!

Ao longo dos anos, meu amigo examinou sua mão muitas vezes. A presença da sua mãe não é apenas genética. O estado de espírito, as esperanças e vida dela também estão nele. Quando examina a própria mão, ele consegue ver milhares de gerações que vieram antes e milhares de gerações que virão depois dele. E pode entender que ele existe não só no galho da árvore evolutiva ao longo do eixo do tempo, mas também na rede de relações interdependentes. Ele me disse que nunca se sente solitário.

Quando minha sobrinha veio me visitar no verão passado, eu disse a ela: "Examine sua mão" como um tema de meditação sua. Eu disse a ela que cada pedrinha, cada folha e cada borboleta estão presentes na mão dela.

Pai e mãe

Quando penso em minha mãe, não consigo separar a imagem dela da minha ideia de amor, pois o amor era um ingrediente natural nos tons doces e suaves da voz dela. No dia em que perdi minha mãe, eu escrevi no meu diário: "A maior tragédia da minha vida acabou de acontecer". Mesmo adulto e morando longe da minha mãe, o fato de perdê-la deixou-me sentindo tão abandonado quanto uma criança órfã.

Eu sei que muitos amigos do ocidente não sentem o mesmo em relação aos seus pais. Eu tenho ouvido muitas histórias de pais que magoaram profundamente os filhos, e plantaram muitas sementes de sofrimento neles. Mas acredito que os pais não tinham a intenção de plantar tais sementes. Eles não tinham a intenção de causar sofrimento aos filhos. Talvez tivessem recebido o mesmo tipo de sementes de seu pai e sua mãe. Há uma continuidade na transmissão de sementes, e o pai e mãe deles podem ter obtido essas sementes dos seus avôs e avós. A maioria de nós é vítima de um estilo de vida desatento, e a prática do viver consciente, da meditação, pode acabar com estes tipos de sofrimento e interromper a transmissão desse tipo de aflição para os nossos filhos e netos. Podemos quebrar o ciclo, não permitindo que esses tipos de sementes de sofrimento sejam transmitidos aos nossos filhos, nossos amigos ou qualquer outra pessoa.

Um garoto de quatorze anos, que pratica em Plum Village, contou-me esta história. Quando ele tinha onze anos, estava muito zangado com o pai dele. Toda vez que ele caía e se machucava, o pai gritava com ele. O menino jurou, para si mesmo, que quando crescesse, iria ser diferente. Mas no ano passado, a irmãzinha dele estava brincando com outras crianças e caiu de um balanço e ralou o joelho. Estava sangrando e o menino ficou muito zangado. Ele queria gritar com ela: "Que estupidez! Por que você fez isso?" Mas ele caiu em si. Como ele vinha praticando respirar conscientemente, pôde reconhecer sua raiva e não reagiu com raiva.

Os adultos estavam cuidando bem da irmã dele, lavaram seu ferimento e colocaram um Band-Aid® sobre a ferida, então ele foi se afastando lentamente e fez a prática de respirar sobre a própria raiva. De repente, ele viu que era exatamente como seu pai. Ele me disse: "Eu percebi que se eu não tivesse trabalhado minha raiva, eu a transmitiria aos meus filhos". Ao mesmo tempo, ele viu algo mais. Compreendeu que o seu pai pode ter sido uma vítima tal como ele. As sementes de raiva do seu pai poderiam ter sido transmitidas pelos avós do garoto. Foi uma sacada notável para um garoto de catorze anos, mas como vinha praticando a atenção plena, ele pôde entender dessa maneira. "Eu disse a mim mesmo para continuar praticando a fim de transformar minha raiva noutra coisa". E depois de alguns meses, a raiva dele desapareceu. Então o garoto foi capaz de levar de volta para o pai o fruto da sua prática, e disse ao pai que costumava ter raiva dele, mas agora ele tinha compreendido. Disse-lhe que queria que o pai fosse praticar também, a fim de transformar suas próprias sementes de raiva. Nós geralmente pensamos que são os pais que têm que nutrir os filhos, mas às vezes os filhos e filhas podem levar iluminação aos pais e ajudá-los a se transformarem.

Quando olhamos nossos pais compassivamente, muitas vezes, entendemos que eles foram vítimas que nunca tiveram a oportunidade de praticar a atenção plena. Eles não conseguiram transformar o sofrimento interno. Mas vendo-os com olhos compassivos, podemos lhes oferecer alegria, paz e perdão. De fato, quando olhamos profundamente, descobrimos que é impossível largar toda a identidade que temos com nosso pai e nossa mãe.

Toda vez que nos banhamos, na banheira ou no chuveiro, se examinarmos minunciosamente o nosso corpo, vamos ver que é um presente dos nossos pais e mães, avôs e avós. Enquanto lavamos cada parte do corpo, podemos meditar na natureza do corpo e na natureza da vida, nos questionando: "A quem pertence esse corpo? Quem me deu esse corpo? O que me foi dado?" Se meditarmos dessa maneira, descobriremos que existem três componentes: o presente, o doador, e aquele que recebe o presente. O doador são os nossos pais e mães; somos uma continuidade de nossos pais, mães e todos os nossos ancestrais. O presente é o nosso próprio corpo. Aquele que recebe o presente somos nós. À medida que continuamos a meditar nisso, vemos claramente que o doador, o presente e o receptor são um. Todos os três estão presentes em nosso corpo. Quando estamos em contato profundo com o momento presente, podemos ver que todos os nossos ancestrais e todas as futuras gerações estão presentes em nós. Vendo isso, saberemos o que fazer e o que deixar de fazer – por nós mesmos, por nossos ancestrais, filhos e netos.

Nutrindo sementes saudáveis

A consciência existe em dois níveis: como sementes, e como manifestações dessas sementes. Suponhamos que temos uma semente de raiva em nós. Sob condições favoráveis, essa semente pode se manifestar como uma zona de energia chamada raiva. É uma zona abrasadora e nos faz sofrer muito. É muito difícil para nós sermos alegres no momento em que a semente da raiva se manifesta.

Toda vez que uma semente tem uma oportunidade de se manifestar, ela produz novas sementes do mesmo tipo. Se estivermos com raiva por cinco minutos, novas sementes de raiva são produzidas e depositadas no solo do nosso inconsciente durante esses cinco minutos. Por isso, temos que ter cuidado ao escolher o tipo de vida que levamos e as emoções que expressamos. Quando eu sorrio, as sementes de sorriso e alegria vem à tona. Enquanto estiverem manifestas, novas sementes de sorriso e alegria estão sendo plantadas. Mas se eu não pratico o sorriso por vários anos, aquela semente enfraquecerá, e pode ser que eu não seja mais capaz de sorrir.

Há muitos tipos de sementes em nós, tanto boas quanto más. Algumas foram plantadas durante uma vida, e outras foram transmitidas pelos nossos pais e mães, ancestrais e nossa sociedade. Em um minúsculo grão de milho, há o conhecimento, transmitido por gerações anteriores, de como brotar e de como criar folhas, flores e espigas de milho. Nosso corpo e mente também têm saberes, que foram transmitidos pelas gerações anteriores. Nossos ancestrais e pais nos transmitiram sementes de alegria, paz e felicidade, como também sementes de aflição, raiva, e assim por diante.

Toda vez que praticamos o viver consciente, plantamos sementes saudáveis e fortalecemos as sementes saudáveis já existentes em nós. Sementes saudáveis funcionam de modo semelhante aos anticorpos. Quando um vírus entra em nossa corrente sanguínea, nosso corpo reage e os anticorpos vêm e o cercam, cuidam dele e o transformam. Isso se aplica também às nossas sementes psicológicas. Se plantarmos sementes saudáveis, revigorantes e restauradoras, elas cuidarão das nossas sementes negativas, mesmo sem pedirmos a elas. Para ter sucesso, precisamos cultivar um bom estoque de sementes revigorantes.

Um dia, no vilarejo onde moro, perdemos um amigo muito próximo, um francês que nos ajudou consideravelmente na fundação de Plum Village. Ele teve um ataque cardíaco e morreu durante a noite. De manhã, nós soubemos do seu falecimento. Ele era uma pessoa muito brincalhona e nos dava muita alegria toda vez que passávamos alguns minutos com ele. Sentíamos que ele era a própria alegria e paz. Na manhã que fomos informados da morte dele, lamentamos muito por não termos passado mais tempo com ele.

Naquela noite, eu não conseguia dormir. A perda de um amigo como ele era muito dolorosa. Mas eu tinha que dar uma palestra na manhã seguinte, e queria dormir, então eu pratiquei respirando. Era uma noite fria de inverno, e eu estava deitado na cama avistando as belas árvores no quintal do meu eremitério. Anos antes, eu havia plantado três lindos cedros, uma variedade do Himalaia. Agora, as árvores estavam muito grandes e, quando andava em meditação, eu costumava parar e abraçar esses belos cedros, inspirando e expirando. Os cedros sempre respondiam ao meu abraço, tenho certeza disso. Então, deitado na cama, eu simplesmente inspirava e expirava, tornando-me os cedros e a minha respiração. Eu me senti bem melhor, mas mesmo assim não conseguia dormir. Finalmente, eu trouxe à minha consciência a imagem de uma criança vietnamita encantadora chamada de Bambuzinho. Ela veio a Plum Village quando tinha dois anos, e era tão fofinha que todos queriam segurá-la nos braços, principalmente as outras crianças. Elas não deixavam Bambuzinho andar no chão! Agora, ela tem seis anos, e abraçá-la faz você se sentir muito revigorado e maravilhoso. Então convidei Bambuzinho para adentrar minha consciência, e pratiquei respirando e sorrindo para a imagem dela. Em apenas alguns momentos, eu caí profundamente no sono.

Cada um de nós precisa de um estoque de sementes belas, saudáveis, e fortes suficientes para nos ajudar em momentos difíceis. Às vezes, o bloco de dor dentro de nós é tão grande que, mesmo que a flor esteja bem à nossa frente, não podemos entrar em contato com ela. Naquele momento, sabemos que precisamos de ajuda. Se tivermos um poderoso armazém de sementes saudáveis, podemos convidar várias delas a virem à tona nos ajudar. Se você tiver uma amiga muito próxima sua, que lhe compreende; se você souber que quando senta perto dela, mesmo sem dizer uma palavra, você se sentirá melhor, você pode trazer a imagem dela à sua consciência, e vocês "dois" podem "respirar juntos". Fazer só isso pode ser uma grande ajuda em momentos difíceis.

Mas se fizer muito tempo que você não vê sua amiga, a imagem dela pode estar fraca demais na sua consciência para vir facilmente até você. Se você sabe que ela é a única pessoa que pode ajudá-lo a restabelecer o seu equilíbrio e se a imagem dela já estiver muito fraca, só há uma coisa a fazer: comprar um ingresso e ir até ela, para que ela esteja com você, não como uma semente, mas como uma pessoa real.

Se você for até ela, tem que saber usar bem o tempo, porque o seu tempo com ela é limitado. Quando você chegar, sente-se perto dela, e logo se sentirá mais forte. Mas você sabe que, em breve, terá que voltar para casa, então aproveite a oportunidade e pratique estar em consciência plena todo instante precioso em que estiver lá. Sua amiga pode ajudá-lo a restabelecer o equilíbrio dentro de si, mas isso não basta. Você mesmo deve se tornar forte internamente, para sentir-se bem quando estiver sozinho de novo. Por isso você precisa praticar atenção plena quando estiver sentado ao lado dela e caminhando com ela. Caso contrário, se somente usar a presença daquela pessoa para amenizar o seu sofrimento, a semente da imagem dela não ficará suficientemente forte para lhe confortar quando estiver de volta em casa. Nós precisamos praticar atenção plena o tempo todo para que possamos plantar, em nós mesmos, a cura e as sementes revigorantes. Assim, quando precisarmos delas, elas cuidarão de nós.

O que está dando certo?

Muitas vezes questionamos: "O que há de errado?" Ao fazer isso, convidamos sementes dolorosas de aflição para virem à tona e manifestarem-se. Sentimos sofrimento, raiva e depressão e produzimos mais sementes desse tipo. Nós seríamos muito mais felizes se tentássemos permanecer em contato com as sementes saudáveis e alegres dentro e em torno de nós. Devemos aprender a questionar: "O que está dando certo?", e ficar em contato com aquilo. Há tantos elementos no mundo e em nossos corpos, sentimentos, percepções e consciência que são saudáveis, revigorantes e restauradores. Se nos bloquearmos e ficarmos aprisionados à nossa tristeza, não entraremos em contato com esses elementos de cura.

A vida está repleta de inúmeras maravilhas, como o céu azul, a luz do sol, os olhos de um bebê. Nossa respiração, por exemplo, pode ser muito agradável. Eu gosto de respirar todo dia. Mas muitas pessoas apreciam a alegria que é respirar somente quando têm asma ou um nariz entupido. Não precisamos esperar até que tenhamos asma para nos alegrar com a nossa respiração. Ter consciência dos elementos preciosos da felicidade é, em si, a prática da atenção plena correta. Elementos como esses estão dentro de nós e à nossa volta. Em cada segundo de nossas vidas, podemos apreciá-los. Se fizermos isso, sementes de paz, alegria e felicidade serão plantadas em nós, e essas sementes vão se fortalecer. O segredo da felicidade é a própria felicidade. Onde quer que estejamos, a qualquer momento, temos a capacidade de apreciar a luz do sol, a presença um do outro, o milagre da nossa respiração. Não temos que viajar para nenhum outro lugar para fazer isso. Podemos estar em contato com tudo isso agora mesmo.

Culpar nunca ajuda

Quando você planta alface, se a alface não crescer direito, você não culpa a alface. Você olha para as razões pelas quais ela não está indo bem. Pode ser que precise de fertilizante, ou de mais água, ou de menos sol. Você nunca culpa a alface. No entanto, quando temos problemas com nossos amigos ou com nossa família, nós culpamos a outra pessoa. Mas se soubermos cuidar bem deles, eles vão crescer bem, como uma alface. Culpar não tem efeito positivo de forma alguma, nem tentar persuadir usando razão e argumentos. Esta é a minha experiência. Sem acusações, sem raciocínio, sem argumentos, apenas compreensão. Se você compreende, e demonstra que compreende, você consegue amar e a situação muda.

Um dia, em Paris, eu dei uma palestra sobre não culpar a alface. Depois da palestra, eu estava praticando sozinho o andar meditativo, e quando virei a esquina de um prédio, ouvi uma menina de oito anos de idade dizendo à mãe dela: "Mamãe, lembre-se de me regar. Eu sou sua alface". Eu fiquei tão feliz por ela ter entendido completamente o ponto principal. Depois ouvi a mãe respondendo: "Sim, minha filha, eu também sou sua alface. Então, por favor, não se esqueça de me regar também". Mãe e filha praticando juntas, foi muito lindo.

Compreensão

Compreensão e amor não são duas coisas, só uma. Suponha que o seu filho se acorda de manhã e vê que já é muito tarde. Ele decide acordar sua irmã mais nova, para dar a ela tempo suficiente de tomar café da manhã antes de ir para a escola. Acontece que ela está enfezada e em vez de dizer: "Obrigada por me acordar", ela diz: "Cale a boca! Me deixe em paz!", e dá um chute nele. Provavelmente, ele vai ficar com raiva, pensando: "Eu a acordei delicadamente. Por que ela me chutou?" Ele pode querer ir pra cozinha lhe contar isso, ou até mesmo dá-lhe um chute de volta.

Mas então ele se lembra que sua irmã tossiu muito durante a noite, e ele percebe que ela deve estar doente. Talvez ela tenha se comportado tão mal porque está resfriada. Naquele momento, ele entende, e a raiva dele passa totalmente. Quando você compreende, não consegue deixar de amar. Você não pode ficar com raiva. Para desenvolver compreensão, você tem de praticar olhando todos os seres vivos com olhos compassivos. Quando você compreende, você não consegue não amar. E quando você ama, você naturalmente age de uma maneira que pode aliviar o sofrimento das pessoas.

Amor verdadeiro

Nós temos que realmente compreender a pessoa que queremos amar. Se o nosso o amor for apenas um desejo de possuir, isso não é amor. Se só pensarmos em nós mesmos, se só estivermos cientes das nossas próprias necessidades e ignoramos as necessidades da outra pessoa, não conseguimos amar. Devemos olhar em profundidade para ver e compreender as necessidades, aspirações e sofrimento da pessoa que amamos. Esse é o fundamento do amor verdadeiro. Você não consegue deixar de amar outra pessoa quando realmente a compreende.

De tempos em tempos, sente-se perto de quem você ama, segure a mão dele ou dela, e questione: "Querido(a), será que eu o entendo o bastante? Ou eu o estou lhe fazendo sofrer? Por favor, diga-me para que eu possa aprender a amá-lo de forma adequada. Eu não quero fazer você sofrer, e se eu estiver fazendo isso por causa da minha ignorância, por favor, me diga para que eu possa amá-lo melhor, para que você pode ser feliz". Se você disser isso num tom de voz que comunica sua real abertura para compreender, pode ser que a outra pessoa chore. Isso é um bom sinal, pois significa que a porta da compreensão está se abrindo e tudo será possível de novo.

Talvez um pai não tenha tempo ou não seja suficientemente corajoso para fazer uma pergunta dessas ao seu filho. Então o amor entre eles não será tão pleno quanto poderia ser. Precisamos ter coragem para fazer essas perguntas, mas se não as perguntarmos, quanto mais amamos, mais podemos destruir as pessoas que estamos tentando amar. O verdadeiro amor precisa de compreensão. Com compreensão, a pessoa amada vai certamente florescer.

Meditar na compaixão

O amor é uma mente que proporciona paz, alegria e felicidade ao outro. Compaixão é uma mente que remove o sofrimento que está presente no outro. Todos nós temos as sementes de amor e compaixão em nossa mente, e podemos desenvolver essas admiráveis e maravilhosas fontes de energia. Podemos nutrir o amor incondicional que não espera nada em troca e, portanto, não leva à ansiedade e à aflição.

A essência do amor e da compaixão é a compreensão – a capacidade de reconhecer o sofrimento físico, material e psicológico do outro, e nos colocar "na pele do outro". Nós "adentramos" no corpo, sentimentos e formações mentais dele, e testemunhamos, por nós mesmos, seus sofrimentos. Observar superficialmente como um estranho não basta para compreender o sofrimento alheio. Temos que nos tornar um com o objeto da nossa observação. Quando entramos em contato com o sofrimento do outro, brota em nós um sentimento de compaixão. A palavra compaixão significa, literalmente, *sofrer com*.

Para começar, escolhemos como objeto da nossa meditação alguém que esteja passando por algum sofrimento físico ou material, alguém que esteja fraco e adoece facilmente, pobre ou oprimido, ou que não tenha proteção. Esse tipo de sofrimento é fácil de compreendermos. Em seguida, podemos praticar entrando em contato com formas mais sutis de sofrimento. Às vezes a outra pessoa não parece estar sofrendo de jeito nenhum, mas podemos notar que ela tem tristezas que deixaram marcas de formas não evidentes. Pessoas que dispõem de muitos confortos materiais também sofrem. Nós observamos profundamente a pessoa, que é o objeto da nossa meditação na compaixão, não só durante a meditação sentada como também quando estivermos realmente em contato com ela. Nós devemos dispor de tempo suficiente para realmente entrar em contato profundo com o sofrimento dela. Continuamos a observar aquela pessoa até que a compaixão surja e penetre o nosso ser.

Ao observarmos profundamente dessa maneira, o fruto da nossa meditação vai naturalmente se transformar em algum tipo de ação. Nós não vamos simplesmente dizer: "Eu o amo muito", mas sim dizer: "Eu vou fazer alguma coisa para que ele sofra menos". A mente compassiva está realmente presente quando remove efetivamente o sofrimento do outro. Temos que encontrar maneiras de nutrir e de expressar nossa compaixão. Quando entramos em contato com alguém, nossos pensamentos e ações devem expressar nossa mente compassiva, mesmo que essa pessoa diga e faça coisas que não sejam fáceis de aceitar. Nós praticamos assim até vermos claramente que o nosso amor não depende da outra pessoa está sendo amável. Desse modo podemos saber se a nossa mente compassiva é firme e autêntica. Nós mesmos ficaremos mais à vontade, e a pessoa que tem sido o objeto da nossa meditação também vai eventualmente se beneficiar. O sofrimento dela vai diminuindo aos poucos, e sua vida vai gradualmente se tornando mais animada e mais alegre como um resultado da nossa compaixão.

Nós também podemos meditar no sofrimento daqueles que nos causam sofrimento. Qualquer um que nos tenha causado sofrimento, sem dúvida alguma, também está sofrendo. Tudo o que precisamos é seguir nossa respiração e examinar de maneira profunda para naturalmente compreender o sofrimento dele. Parte das dificuldades e tristezas dele pode ter sido provocada pela inabilidade dos pais quando ele ainda era jovem. Mas os seus próprios pais podem também ter sido vítimas dos pais deles; o sofrimento foi sendo transmitido de uma geração a outra e renasceu naquele indivíduo. Se entendermos isso, não vamos mais culpá-lo por ter-nos feito sofrer, porque sabemos que ele também é uma vítima. Olhar profundamente significa compreender. Uma vez que tenhamos entendido as razões pelas quais o outro agiu mal, nossa amargura para com ele desaparecerá e vamos desejar que ele sofra menos. Nós vamos sentir mais leveza e tranquilidades, e podemos sorrir. Não precisamos que o outro esteja presente, a fim de fazer brotar a reconciliação. Ao olharmos em profundidade, nós nos reconciliamos conosco e, para nós, o problema deixa de existir. Mais cedo ou mais tarde ele verá nossa atitude e compartilhará o frescor da corrente de amor que naturalmente está fluindo do nosso coração.

Meditar no amor

A mente de amor produz paz, alegria e felicidade para nós mesmos e os outros. A observação consciente é o elemento que nutre a árvore da compreensão, e a compaixão e o amor são as mais lindas flores. Ao realizarmos a mente amorosa, não podemos deixar de nos dirigir até a pessoa, objeto da nossa observação consciente, para que assim a nossa mente de amor não seja simplesmente um objeto da nossa imaginação, mas sim uma fonte de energia que tem um efeito real no mundo.

Meditar no amor não significa apenas sentar-se imóvel, visualizando que o nosso amor se espalhará pelo espaço como ondas de som ou de luz. Som e luz conseguem penetrar em todo lugar, e amor e compaixão podem fazer o mesmo. Mas se o nosso amor só for um tipo de imaginação, é improvável que tenha qualquer efeito real. Em meio à vida cotidiana e contato real com os outros é que podemos saber se a nossa mente de amor está realmente presente e o quão estável ela é. Se o nosso amor é real, será evidente em nosso cotidiano, na forma como nos relacionamos com as pessoas e com o mundo.

A fonte do amor existe em nossas profundezas e podemos ajudar os outros a realizar muita felicidade. Uma palavra, uma ação ou um pensamento pode diminuir o sofrimento do outro e proporcionar alegria para ele. Uma palavra pode dar conforto e confiança, destruir dúvidas, ajudar alguém a evitar um erro, reconciliar um conflito ou abrir uma porta à libertação. Uma ação pode salvar a vida de um indivíduo ou ajudá-lo a aproveitar uma rara oportunidade. Um pensamento pode fazer o mesmo, porque os pensamentos sempre levam a palavras e ações. Se o amor estiver em nosso coração, todo pensamento, palavra e ação podem produzir um milagre. Como compreender é o próprio fundamento do ato de amar, as palavras e ações que emergem do nosso amor são sempre proveitosas.

Meditando abraçados

Abraçar é um belo costume no ocidente, e nós orientais gostaríamos de contribuir sugerindo a prática de respirar conscientemente durante o abraço. Quando você sustentar uma criança nos braços, ou abraçar sua mãe, seu marido, ou um amigo, se você inspirar e expirar três vezes, sua felicidade será multiplicada por, pelo menos, dez vezes.

Se estiver distraído, pensando em outras coisas, o seu abraço também será distraído, não muito profundo, e pode ser que você não desfrute muito do abraço. Então, quando você abraçar seu filho, seu amigo, seu cônjuge, eu recomendo que, primeiro, você inspire e expire conscientemente e volte-se ao momento presente. Então, quando estiver abraçado com ele ou ela, inspire e expire três vezes conscientemente, e você desfrutará daquele abraço mais do que nunca.

Nós praticamos o abraço meditativo em um retiro para psicoterapeutas no Colorado, e um retirante, ao voltar para sua casa na Filadélfia, abraçou a esposa no aeroporto de uma maneira que nunca havia abraçado antes. Por causa disso, a esposa foi participar do nosso próximo retiro, em Chicago.

Leva tempo para a pessoa se sentir confortável abraçando dessa maneira. Se sentir um pequeno vazio por dentro, você pode querer dar um tapa nas costas do seu amigo para provar que está realmente ali. Mas para estar realmente presente, você só precisa respirar, e de repente ele se torna totalmente real. Vocês dois realmente existem naquele momento. Pode ser um dos melhores momentos da sua vida.

Suponha que sua filha venha e se apresente a você. Se não estiver realmente presente – se estiver pensando no passado, preocupando-se acerca do futuro, ou possuído por raiva ou medo – mesmo que a criança esteja diante de você, ela inexistirá para você. Ela será como um fantasma, e pode ser que você também seja um fantasma. Se quiser estar com ela, você tem que voltar-se ao momento presente. Respirando conscientemente, unindo corpo e mente, você mais uma vez se transforma numa pessoa real. Quando você se torna uma pessoa real, sua filha também se torna real. Ela é uma presença maravilhosa e, naquele momento, um verdadeiro encontro com a vida é possível. Se ao envolvê-la nos braços você respirar, despertará para a preciosidade da sua amada, e a vida existe.

Investimento da amizade

Mesmo que tenhamos muito dinheiro no banco, podemos facilmente morrer de tanto sofrimento. Então, investir numa amizade, tornar um amigo em um verdadeiro amigo, construir uma comunidade de amigos, é uma fonte de segurança muito melhor. Teremos alguém em quem podemos confiar, e procurá-la em nossos momentos difíceis.

Graças ao apoio amoroso de outras pessoas, podemos entrar em contato com os elementos revigorantes e saudáveis, dentro e em torno de nós. Se tivermos uma boa comunidade de amigos, somos muito felizardos. Para criar uma boa comunidade, precisamos primeiro nos transformar em um bom elemento da comunidade. Em seguida, podemos ir até outra pessoa e ajudá-la a se tornar um elemento da comunidade. Construímos nossa rede de amigos dessa maneira. Temos que pensar em amizades e comunidade como investimentos, como o nosso ativo mais importante. Eles podem nos consolar e nos ajudar em tempos difíceis, e podem compartilhar nossa alegria e felicidade.

É uma grande alegria abraçar seu neto

Você sabia que as pessoas idosas ficam muito tristes quando têm que viver separadas dos filhos e netos? Essa é uma das coisas de que não gosto no ocidente. No meu país, os idosos têm o direito de morar com os mais jovens. São os avós que narram os contos de fadas para as crianças. Quando envelhecem, suas peles tornam-se frias e enrugadas, e, para eles, é uma grande alegria abraçar seus netos de forma calorosa e carinhosa. Quando a pessoa envelhece, sua esperança mais profunda é ter um(a) netinho(a) para carregar nos braços. Ela espera dia e noite por isso e fica muito feliz quando sabe que a sua filha ou nora está grávida. Hoje em dia, os idosos têm que ir para uma casa onde só convivem com outras pessoas idosas. Só uma vez por semana é que recebem uma rápida visita, e depois se sentem ainda mais tristes. Nós temos que encontrar formas de as pessoas idosas e jovens morarem juntas novamente. Isso fará com que todos nós sejamos muito felizes.

A comunidade do viver consciente

O fundamento de uma boa comunidade é uma vida cotidiana alegre e feliz. Em Plum Village, as crianças são o centro das atenções. Cada adulto assume a responsabilidade de ajudar as crianças a serem felizes, porque nós sabemos que, se as crianças estiverem felizes é mais fácil para os adultos ficarem felizes.

Quando eu era criança, as famílias eram maiores. Pais, primos, tios, tias, avós e filhos viviam juntos. As casas eram arrodeadas de árvores onde podíamos pendurar redes e fazer piqueniques. Naqueles tempos, as pessoas não tinham muitos dos problemas que temos hoje. Hoje nossas famílias são muito pequenas, somente a mãe, o pai e um ou dois filhos. Quando os pais têm um problema, toda a família é afetada. Mesmo se as crianças entrarem no banheiro na tentativa de escapar, elas podem sentir o clima pesado. E podem crescer com sementes de sofrimento e nunca serem verdadeiramente felizes. Antigamente, quando a mãe e o pai tinham problemas, as crianças podiam se safar, se dirigindo a uma tia ou um tio, ou outro membro da família. Eles ainda podiam procurar alguém, e o clima não era tão ameaçador.

Eu acredito que as comunidades que vivem de forma consciente, onde podemos ir rever uma rede de "tias, tios e primos", podem nos ajudar a substituir as grandes famílias de antigamente. Cada um de nós precisa "pertencer" a um lugar desses, onde a característica da paisagem, os sons do sino, e até as edificações são projetados para nos lembrar de regressar à consciência. Eu imagino que hão de existir belos centros de prática onde serão organizados retiros regulares, e onde os indivíduos e famílias vão visitar para aprender e praticar a arte do viver consciente.

As pessoas que moram lá devem emanar paz e formosura – que são frutos do estilo de vida consciente. Elas serão como lindas árvores, sob à sombra das quais os visitantes vão querer se sentar. Mesmo quando não puderem realmente ir até lá fazer uma visita, eles só precisarão pensar naquela comunidade e sorrir, para que sintam que estão se tornando mais tranquilos e felizes.

Nós também podemos transformar nossa própria família ou lar numa comunidade que pratica harmonia e consciência. Nós podemos praticar a respiração e o sorriso, sentados em meditação, ao beber nosso chá, conscientes de estarmos juntos. Se nós tivermos um sino, o sino também faz parte da comunidade, porque o sino nos ajuda a praticar. Se tivermos uma almofada de meditação, a almofada também faz parte da comunidade, como também fazem parte muitas outras coisas que nos ajudam a praticar a atenção plena, como, por exemplo, o ar que respiramos. Se morarmos próximos a um parque ou rio, podemos gostar de caminhar em meditação às suas margens. Todos esses esforços podem nos ajudar a estabelecer uma comunidade onde moramos. De tempos em tempos, podemos convidar um amigo para se unir a nós. É muito mais fácil praticar atenção plena em uma comunidade.

Atenção plena deve ser engajada

Quando eu vivia no Vietnã, muitos dos nossos vilarejos estavam sendo bombardeados. Com os meus irmãos e irmãs monásticos, eu tive que decidir o que fazer. Deveríamos continuar a praticar em nossos mosteiros ou deveríamos deixar as salas de meditação para ajudar as pessoas que estavam sofrendo sob as bombas? Após cautelosas reflexões, decidimos fazer as duas coisas – sair para ajudar as pessoas e fazer isso em atenção plena. Denominamos isso de budismo engajado. Atenção plena deve ser engajada. Desde que haja visão, deve haver ação. Senão, para o que serve a visão?

Devemos estar conscientes dos verdadeiros problemas do mundo. Então, conscientemente atentos, saberemos o que fazer e o que deixar de fazer para ajudar. Se mantivermos a consciência de nossa respiração e continuarmos a praticar o sorriso, mesmo em situações difíceis, muitas pessoas, animais e plantas vão se beneficiar da nossa maneira de fazer as coisas. Você está massageando nossa Mãe Terra toda vez que o seu pé a toca? Você está plantando sementes de alegria e de paz? Eu tento fazer exatamente isso com cada passo, e sei que nossa Mãe Terra tem mais apreço. Paz é cada passo. Vamos continuar nossa jornada?

PARTE III

Paz é cada passo

Interser

Se você é um poeta, verá claramente que nesta folha de papel há uma nuvem flutuando. Sem nuvem, não haveria chuva; sem chuva, as árvores não poderiam crescer; e sem árvores, o papel não poderia ser feito. A nuvem é essencial para o papel existir. Se a nuvem não estivesse presente, a folha de papel também não poderia estar presente. Então podemos dizer que a nuvem e o papel *inter-são*. A palavra "interser" ainda não está no dicionário, mas se combinarmos o prefixo "inter" com o verbo "ser", temos um novo verbo, *interser*.

Se examinarmos essa folha de papel ainda mais profundamente, podemos ver a luz solar nela. Sem luz solar, a floresta não poderia crescer. Na verdade, nada pode crescer sem luz solar. Desse modo, nós sabemos que o sol também está nesta folha de papel. A folha de papel e a luz do sol *interexistem*. E se continuarmos a observar, podemos ver o madeireiro que cortou a árvore e levou-a ao moinho para ser transformada em papel. E vemos o trigo. Nós sabemos que o madeireiro não existiria sem o seu pão de cada dia e, portanto, o trigo, que se transformou no pão dele, também está nesta folha de papel. O pai e a mãe do madeireiro também estão nela. Ao olharmos dessa maneira, vemos que esta folha de papel não poderia existir se não fossem todas essas coisas.

Examinando com maior profundidade ainda, também podemos nos ver nesta folha de papel. Isso não é difícil de ser compreendido, pois quando olhamos para uma folha de papel, a folha de papel faz parte da nossa percepção. Sua mente está aqui e a minha também está. Então podemos dizer que tudo está aqui nesta folha de papel. Não podemos apontar uma única coisa que não esteja nela – o tempo, o espaço, a terra, a chuva, os minerais do solo, a luz do sol, a nuvem, o rio, o calor. Tudo coexiste com esta folha de papel. Por isso, eu acho que a palavra interser deveria estar no dicionário. "Ser" significa interser. Nós não podemos simplesmente *existir* só por conta própria. Temos que interexistir com todas as demais coisas. Esta folha de papel existe, porque tudo o mais existe.

Suponhamos que nós tentássemos retornar um dos elementos à sua origem. Suponhamos que devolvemos a luz solar ao sol. Você acha a existência desta folha de papel seria possível? Não, sem sol nada poderia existir. E se devolvêssemos o madeireiro à mãe dele, então nós também não disporíamos de uma folha de papel. O fato é que esta folha de papel é composta somente de elementos que *não-são-papel*. E se mandarmos de volta esses elementos que *não-são-papel* para suas fontes, então não poderia existir papel de forma alguma. Sem os elementos que *não-são-papel*, como a mente, o madeireiro, a luz solar e assim por diante, não poderia existir papel. Mesmo sendo tão fina, como esta folha de papel é, tudo no universo está contido nela.

Flores e lixo

Maculado ou imaculado, puro ou obsceno são conceitos que formamos em nossa mente. Uma linda rosa que acabamos de cortar e colocar num vaso é pura. É perfumada e muito viçosa. Uma lata de lixo é o oposto, fede e está cheia de coisas podres.

Mas isso é só se olharmos superficialmente. Se examinarmos em maior profundidade veremos que em cinco ou seis dias, a rosa fará parte do lixo. Não precisamos esperar cinco dias para compreender isso. Se apenas olharmos a rosa, e olharmos profundamente, podemos ver isso agora. E se olharmos para uma lata de lixo de resíduos orgânicos, vemos que em alguns meses o seu conteúdo pode ser transformado em legumes encantadores, e até mesmo numa rosa. Se você é um bom jardineiro orgânico, ao olhar para uma rosa, você pode ver o lixo, e vendo o lixo você pode ver uma rosa. Rosas e detritos orgânicos intersão. Sem rosa, não pode haver lixo; e sem lixo, não pode haver rosa. Ambos precisam muito um do outro. A rosa e o lixo se igualam. O lixo é tão precioso quanto a rosa. Se contemplarmos profundamente os conceitos de impureza e imaculabilidade, nós retornamos à noção da interexistência.

Na cidade de Manila, há muitas prostitutas jovens; algumas têm apenas quatorze ou quinze anos de idade. Elas são muito infelizes. Elas não queriam ser prostitutas, mas suas famílias são pobres e essas meninas foram para a cidade procurar algum tipo de trabalho, como o de vendedora ambulante, para ganhar dinheiro e ajudar suas famílias. É claro que isso não só acontece em Manila, mas acontece também na cidade de Ho Chi Minh no Vietnã, na cidade de Nova

York, e em Paris. Depois de apenas algumas semanas na cidade uma garota vulnerável pode ser persuadida por uma pessoa mais esperta para trabalhar para ela e ganhar talvez cem vezes mais a quantia de dinheiro que ela conseguiria ganhar como vendedora ambulante. Por ser muito jovem e não conhecer muito sobre a vida, ela aceita e se torna uma prostituta. Desde então, ela vem carregando o sentimento de ser impura, pervertida, e isso lhe causa um grande sofrimento. Quando olha para outras meninas, bem-vestidas, pertencentes às boas famílias, brota nela um sentimento infame, um sentimento de profanação que se torna o seu inferno.

Mas se ela pudesse examinar profundamente a si mesma e toda a situação, ela compreenderia que é do jeito que é porque as outras pessoas são do jeito que são. Como poderia uma "boa menina", pertencente a uma "boa família", se orgulhar? Porque o estilo de vida da "boa família" é do jeito que é, a prostituta tem que viver como prostituta. Ninguém entre nós tem mãos limpas. Nenhum de nós pode afirmar que a responsabilidade não é nossa. A garota em Manila é do jeito que é, porque somos do jeito que somos. Ao observar a vida daquela jovem prostituta, vemos as vidas de todas as "não prostitutas". E observando as não prostitutas e a maneira como vivemos nossas vidas, compreendemos a prostituta. Cada coisa ajuda a criar a outra.

Vamos olhar para a riqueza e a pobreza. A sociedade afluente e a sociedade destituída intersão. A riqueza de uma sociedade é feita da pobreza da outra. "Isso é assim, porque aquilo é 'assado'". A riqueza é constituída de elementos da não riqueza, e a pobreza é feita de elementos da não pobreza. É exatamente o mesmo que acontece com a folha de papel. Então devemos ter cuidado para não nos aprisionarmos em conceitos. A verdade é que tudo contém tudo o mais. Nós não podemos simplesmente existir, nós só podemos interexistir. Somos responsáveis por tudo que acontece em torno de nós.

É somente vendo com os olhos do interser que aquela menina poderá se libertar do seu sofrimento. Só então, ela vai compreender que ela está suportando o fardo do mundo inteiro. O que mais nós podemos oferecer-lhe? Examinando profundamente dentro de nós mesmos, nós a vemos, e compartilhamos a dor dela e a dor do mundo inteiro. Então podemos começar a, de fato, ajudar.

Promovendo a paz

Se a Terra fosse seu corpo, você seria capaz de sentir as diversas áreas onde ela está sofrendo. Guerra, opressões política e econômica, fome e poluição causam estragos em muitos e muitos lugares. Todo dia, crianças ficam cegas devido à desnutrição, e suas mãos procuram desesperadamente migalhas de comida pelos montes de lixo. Adultos estão morrendo lentamente nos presídios por terem tentado combater a violência. Os rios estão morrendo e o ar se tornando cada vez mais difícil de respirar. Embora as duas grandes superpotências estejam se tornando um pouco mais amigáveis, elas ainda têm armas nucleares suficientes para destruir a Terra dezenas de vezes.

Muita gente está consciente do sofrimento do mundo; e os corações dessas pessoas estão cheios de compaixão. Elas sabem o que precisa ser feito, e se envolvem em trabalho político, social e ambiental para tentar mudar as coisas. Mas após um período de intenso envolvimento, elas podem ficar desanimadas se não tiverem a força necessária para manter uma vida de ação. A verdadeira força não está no poder, no dinheiro ou em armas, mas numa profunda paz interior.

Praticando atenção plena em cada momento da nossa vida cotidiana, podemos cultivar nossa própria paz. Com clareza, determinação e paciência – que são frutos da meditação – podemos manter uma vida de ação e sermos verdadeiros instrumentos de paz. Eu tenho visto esta paz em pessoas de várias origens religiosas e culturais que investem o seu tempo e energia protegendo os fracos, lutando por justiça social, diminuindo a disparidade entre ricos e pobres, impedindo a corrida armamentista, lutando contra a discriminação e irrigando as árvores da compreensão e do amor pelo mundo inteiro.

Não são dois

Se quisermos compreender algo, não podemos simplesmente observar aquilo a partir de fora. Temos que mergulhar profundamente naquilo e sermos uno com aquilo, para realmente compreendê-lo. Se quisermos compreender uma pessoa, temos que sentir os seus sentimentos, sofrer os seus sofrimentos e desfrutar da sua alegria. A palavra "compreender" é formada das raízes latinas *cum*, que significa "com" e *prehendere*, que significa "prender ou alcançar". Compreender algo significa pegar algo e ser uno com aquilo. Não há outra forma de entender alguma coisa. No budismo, chamamos esse tipo de compreensão de "não dualidade". Não são dois.

Quinze anos atrás, eu ajudei um comitê para órfãos, vítimas da Guerra do Vietnã. Do Vietnã, os assistentes sociais nos enviavam as solicitações: uma folha de papel com uma pequena foto de uma criança no canto, dizendo o nome, idade e condições do órfão. O meu trabalho era traduzir o formulário do vietnamita para o francês, a fim de procurar um patrocinador, para que a criança tivesse alimento para comer e livros escolares, e fosse colocada na família de uma tia, um tio ou de um dos avós. Para que assim o comitê na França pudesse enviar o dinheiro para o membro daquela família que fosse ajudar a cuidar da criança.

Todo dia eu ajudava a traduzir cerca de trinta solicitações. A forma como eu fazia isso era olhando a foto da criança. Eu não lia o formulário, eu só passava um tempo olhando a foto da criança. Normalmente, depois de apenas trinta ou quarenta segundos, eu me tornava um com a criança. Então, eu pegava a caneta e traduzia as palavras do formulário para outra folha. Depois percebi que não era eu quem traduzia o formulário; era a criança e eu, pois tínhamos nos tornado um. Olhando para o rosto dele ou dela, eu me sentia inspirado, e me tornava a criança e ele ou ela se tornava eu, e juntos nós fazíamos a tradução. É algo muito natural. Você não precisa praticar muito a meditação para ser capaz de fazer isso. Você simplesmente olha, permitindo-se ser, e sumir-se na criança, e a criança em você.

Curando as feridas da guerra

Se os Estados Unidos tivessem tido apenas uma visão não dual do Vietnã, nós não teríamos tido tanta destruição em ambos os países. A guerra continua a ferir os estadunidenses e vietnamitas. Se estivermos suficientemente atentos, ainda podemos aprender com a Guerra do Vietnã.

No ano passado, nós tivemos um maravilhoso retiro, nos Estados Unidos, com os veteranos da Guerra do Vietnã. Foi um retiro difícil, porque muitos de nós não conseguíamos nos libertar da nossa dor. Um senhor me disse que em um só dia de batalha no Vietnã ele perdeu quatrocentas e dezessete pessoas. Quatrocentos e dezessete homens morreram numa batalha, e ele estava convivendo com isso por mais de quinze anos! Outra pessoa me contou que, movido à raiva e vingança, ele matou crianças em um vilarejo, e depois disso havia perdido toda sua paz. Desde aquele tempo, ele não era mais capaz de se sentar junto a crianças em alguma sala. Há muitos tipos de sofrimento, que podem nos impedir de estar em contato com o mundo sem sofrimento.

Devemos praticar ajudando pessoas a entrarem em contato umas com as outras. Um soldado me disse que, em quinze anos, a primeira vez que ele tinha se sentido seguro num grupo de pessoas tinha sido naquele retiro. Durante quinze anos, ele não conseguia engolir facilmente alimentos sólidos. Só conseguia beber um pouco de suco de frutas e comer alguma fruta. Ele estava completamente desconectado e sem conseguir se comunicar. Mas depois de três ou quatro dias de prática, ele começou a abrir-se e conversar com as pessoas. Você precisa oferecer muita bondade amorosa a fim de ajudar uma pessoa assim a reconectar-se com as coisas. Durante o retiro, nossas práticas foram as de respirar e sorrir conscientemente, encorajar uns aos outros a nos voltarmos para a nossa flor interior, e para as árvores e o céu azul que nos abrigam.

Nós tomamos um café da manhã em silêncio. Nós praticamos tomar café da manhã da forma como eu comia o biscoito da minha infância. Fizemos coisas assim, como dar passadas conscientemente para tocar a terra, respirar conscientemente para entrar em contato com o ar, e olhar profundamente o nosso chá para realmente entrar em contato com o chá. Nós nos sentamos juntos, respiramos juntos, caminhamos juntos e tentamos aprender com a nossa experiência no Vietnã. Os veteranos têm algo a dizer à nação deles sobre como lidar com outros problemas que podem acontecer, e que não serão diferentes do Vietnã. A partir dos nossos sofrimentos, devemos aprender algo.

Precisamos da visão do interser – nós pertencemos um ao outro; não podemos cortar a realidade em pedaços. O bem-estar "deste" é o bem-estar "daquele", então temos que realizar as coisas juntos. Todo lado é "o nosso lado"; não há um lado do mal. Os veteranos de guerra têm experiências que fazem com que eles sejam a luz na ponta do pavio da vela, iluminando as raízes da guerra e o caminho da paz.

O sol do meu coração

Nós sabemos que se o nosso coração parar de bater, o fluxo da nossa vida será interrompido, e, por isso, valorizamos muito o nosso coração. No entanto, nem sempre temos o costume de perceber que outras coisas, fora dos nossos corpos, também são essenciais à nossa sobrevivência. Observem a imensa luz, que chamamos de sol. Se o sol parasse de brilhar, o fluxo da nossa vida também seria interrompido, então o sol é o nosso segundo coração, um coração fora do nosso corpo. Esse imenso "coração" proporciona o calor necessário à existência de toda a vida na Terra. As plantas vivem graças ao sol. Suas folhas absorvem a energia solar, juntamente com o dióxido de carbono do ar, para produzir alimento para a árvore, a flor, o plâncton. E graças às plantas, nós e outros animais podemos viver. Todos nós – pessoas, animais e plantas – consumimos o sol, direta e indiretamente. Nós não conseguimos descrever todos os efeitos do sol, aquele grande coração fora do nosso corpo.

O nosso corpo não se limita ao que existe dentro dos limites de nossa pele. Vai muito mais além. Inclui até a camada de ar em volta da nossa Terra; pois se a atmosfera desaparecesse mesmo por um instante, nossa vida chegaria ao fim. Não há fenômeno no universo que não nos afete intimamente, desde um seixo descansando no fundo do oceano, até o movimento de uma galáxia há milhões de anos-luz de distância. Walt Whitman disse: "Eu acredito que uma folhinha de grama não seja menor do que a jornada de trabalho das estrelas..." Essas não são palavras filosóficas. Elas vêm das profundezas da alma dele. Whitman disse: "Eu sou vasto, eu contenho multidões".

Olhando em profundidade

Precisamos olhar as coisas em profundidade para compreendê-las. Quando um(a) nadador(a) aprecia a água cristalina do rio, deve ser capaz também de ser o rio. Certo dia, em uma das minhas primeiras visitas aos Estados Unidos, eu estava almoçando na Universidade de Boston com alguns amigos e avistei o Rio Charles. Eu estava longe de casa já por um bom tempo, e ao avistar o rio, apreciei muito a sua beleza. Então deixei meus amigos e desci para lavar o rosto e mergulhar os pés na água, como costumávamos fazer em nosso país. Quando estava de volta, um professor me disse: "É muito perigoso fazer isso. Você lavou a boca no rio?" Quando respondi a ele que sim, ele disse: "Você deve consultar um médico e tomar uma injeção".

Eu fiquei chocado. Eu não sabia que os rios daqui estavam tão poluídos assim. Alguns deles são até chamados de "rios mortos". Em nosso país, às vezes, os rios ficam muito lamacentos, mas não com esse tipo de sujeira. Alguém me disse que o Rio Reno, na Alemanha, contém tantos produtos químicos, que é possível revelar fotografias nele. Se quisermos continuar a apreciar nossos rios – a nadar neles, caminhar nas suas margens, e até mesmo beber sua água – nós temos que adotar uma perspectiva não dual. Temos que meditar em *ser* o rio para que possamos experimentar dentro de nós os medos e esperanças do rio. Se não pudermos sentir os rios, as montanhas, o ar, os animais, e outras pessoas a partir da própria perspectiva deles, os rios morrerão e perderemos nossa chance de viver em paz.

Se você for um alpinista ou alguém que gosta do campo, ou da floresta verde, você sabe que as florestas são os nossos pulmões fora do nosso corpo, assim como o sol é nosso coração exterior ao nosso corpo. No entanto, a forma como estivemos agindo permitiu que dois milhões de quilômetros quadrados de terras florestais fossem destruídas pela chuva ácida, e nós destruímos parte da camada de ozônio que regula o quanto de luz solar direta nós recebemos. Estamos aprisionados em nossos pequenos eus, pensando somente em como proporcionar condições confortáveis para este pequeno eu, enquanto destruímos o nosso eu maior. Nós devemos ser capazes de ser nosso verdadeiro eu. Isso significa que devemos ser capazes de ser o rio, devemos ser capazes de ser a floresta, o sol e a camada de ozônio. Precisamos fazer isso para poder compreender e ter esperança no futuro.

A arte de viver consciente

A natureza é a nossa mãe. Como vivemos desconectados dela, ficamos doentes. Alguns de nós vivemos em cubículos chamados de apartamentos, muito acima do chão. Em nosso entorno só há cimento, metal e coisas duras desse tipo. Nossos dedos não têm a oportunidade de tocar a terra; deixamos de plantar alface. E por estarmos muito distantes da nossa Mãe Terra, adoecemos. Por isso precisamos sair de vez em quando para estar junto à natureza. Isso é muito importante. Nós e nossos filhos devemos entrar novamente em contato com a Mãe Terra. Em muitas cidades, não podemos ver árvores – a cor verde está totalmente ausente do nosso campo visual.

Um dia, eu imaginei uma cidade onde só restava uma árvore. A árvore ainda era bela, mas estava muito só, cercada de edifícios, no centro da cidade. Muitas pessoas estavam ficando doentes e a maioria dos médicos não sabia como lidar com a doença. Mas havia um médico muito competente que sabia as causas da doença e deu a cada paciente a seguinte prescrição: "Todo o dia, pegue o ônibus e vá ao centro da cidade a fim de contemplar a árvore. Quando estiver se aproximando dela, inspire e expire conscientemente, e ao chegar lá abrace a árvore, prossiga inspirando e expirando por quinze minutos, enquanto você observa a árvore, tão verde, e sente o odor da sua casca, tão cheirosa. Se fizer isso, em poucas semanas você vai se sentir muito melhor".

As pessoas começaram a se sentir melhor, mas logo, logo, havia uma correria de gente indo até a árvore, e as pessoas tinham que ficar em pé numa fila quilométrica. Vocês sabem que, hoje em dia, as pessoas não têm muita paciência, então ficar em pé três ou quatro horas esperando para abraçar a árvore era demais, e elas se rebelaram. Organizaram manifestações a fim de criarem uma nova lei para que cada pessoa só pudesse abraçar a árvore por cinco minutos, mas é claro que isso reduziu o tempo de cura. E logo, logo, o tempo foi reduzido para um minuto, e a chance de alguém ser curado pela nossa mãe deixou de existir.

Poderemos estar nessa situação muito em breve, se não formos conscientes. Temos que viver conscientes de cada coisa que estamos fazendo, se quisermos salvar nossa Mãe Terra, nós mesmos e os nossos filhos também. Por exemplo, quando olharmos para o nosso lixo, podemos ver alface, pepinos, tomates e flores. Quando jogarmos uma casca de banana no lixo, estamos cientes de que é uma casca de banana que estamos jogando fora e que, em breve, será transformada em uma flor ou num vegetal. Isso significa exatamente praticar meditação.

Quando jogamos uma sacola plástica no lixo, sabemos que é diferente de uma casca de banana e que levará um tempo muito longo para se tornar flor. "Quando jogo uma sacola plástica no lixo, eu sei que estou jogando uma sacola plástica no lixo". Só essa consciência já nos ajuda a proteger a Terra, a criar a paz e cuidar da vida no momento presente e no futuro. Se formos conscientes, vamos naturalmente tentar usar menos sacolas plásticas. Esse é um ato pacífico, um tipo básico de ação pela paz.

Quando jogamos na lixeira uma fralda plástica descartável, sabemos que leva ainda mais tempo para se tornar uma flor, quatrocentos anos ou mais. Sabendo que usar esses tipos de fraldas não está indo na direção da paz, buscamos outras maneiras de cuidar do nosso bebê. Ao praticarmos respirando e contemplando nosso corpo, sentimentos, mente e objetos da mente, nós estamos praticando a paz no momento presente. Isso significa viver consciente.

O lixo nuclear é o pior tipo de lixo. Leva cerca de duzentos e cinquenta mil anos para se tornar flores. Dos cinquenta estados dos Estados Unidos quarenta já estão poluídos pelo lixo nuclear. Nós estamos transformando a Terra num lugar impossível de se viver, tanto para nós como para muitas gerações futuras. Se vivermos atentos ao momento presente, vamos saber o que fazer e o que não fazer, e tentaremos fazer coisas direcionadas à paz.

Nutrindo a consciência

Quando nos sentamos para jantar e olhamos nosso prato cheio de comida cheirosa e apetitosa, podemos nutrir a consciência de que há gente sofrendo a amarga dor de não ter o que comer. Diariamente, quarenta mil crianças morrem de fome e desnutrição. Todo dia! Essa cifra nos choca toda vez que a ouvimos. Olhando profundamente para nosso prato, podemos "ver" a Mãe Terra, os trabalhadores agrícolas e a tragédia da fome e desnutrição.

Nós, que vivemos na América do Norte e Europa, estamos acostumados a comer grãos e outros alimentos importados do Terceiro Mundo, como o café da Colômbia, o chocolate de Gana, ou o arroz perfumado da Tailândia. Devemos estar cientes de que, as crianças nesses países, exceto as pertencentes às famílias ricas, nunca veem produtos requintados como esses. Elas comem alimentos inferiores, enquanto os produtos de melhor qualidade são reservados à exportação, a fim de trazer divisas estrangeiras. Há até mesmo alguns pais que, por não terem recursos para alimentar seus filhos, recorrer à venda dos próprios filhos para serem servos de famílias que têm o suficiente para comer.

Antes de cada refeição, nós podemos, de mãos postas em plena atenção, pensar nas crianças que não têm o suficiente para comer. Fazer isso nos ajuda a manter a plena consciência de o quanto somos felizardos e, quem sabe um dia, encontremos maneiras de fazer algo útil que ajude a mudar o sistema de injustiça existente no mundo. Em muitas famílias de refugiados, antes de cada refeição, a criança segura o prato de arroz e diz algo assim:

"Hoje, há muitos alimentos deliciosos na mesa. Eu sou grato por estar aqui com minha família desfrutando desses pratos maravilhosos. Eu sei que tem muitas crianças menos afortunadas, que estão passando muita fome". Por ser um refugiado a criança sabe, por exemplo, que a maioria das crianças tailandesas nunca vê o tipo de arroz fino cultivado na Tailândia que ele está prestes a comer. É difícil de explicar às crianças nas nações "superdesenvolvidas" que nem todas as crianças do mundo têm acesso a uma comida tão bonita e nutritiva. Só a consciência desse fato, já pode nos ajudar a superar muitas dores psicológicas nossas. Eventualmente, nossas contemplações podem nos ajudar a descobrir meios de ajudar aqueles que tanto precisam da nossa ajuda.

Uma carta de amor ao seu parlamentar

Em manifestações pela paz, há muita raiva, frustração e mal-entendido. Os participantes do movimento pela paz podem escrever cartas de protesto muito boas, mas não são tão habilidosos em escrever cartas de amor. Nós precisamos aprender a escrever cartas dirigidas ao congresso e ao presidente que eles queiram ler, e não simplesmente jogar fora. A maneira como falamos, o tipo de compreensão, o tipo de linguagem que usamos não deveria afastar as pessoas. O presidente é uma pessoa como qualquer um de nós.

Será que o movimento da paz pode falar usando um discurso amável, que mostre o caminho da paz? Acho que isso vai depender das pessoas daquele movimento conseguirem "ser a paz". Porque se não formos a paz, nada poderemos fazer pela paz. Se não pudermos sorrir, não podemos ajudar outras pessoas a sorrir. Se não estivermos em paz, então não poderemos contribuir no movimento da paz.

Espero que possamos oferecer uma nova dimensão ao movimento da paz. O movimento da paz, geralmente, está cheio de raiva e ódio e não desempenha o papel que esperamos dele. É necessário um novo jeito de ser paz, de criar paz. Por isso é tão importante que pratiquemos atenção plena, adquirir a habilidade de olhar, ver e compreender. Seria maravilhoso se pudéssemos levar ao movimento da paz a nossa maneira não dualista de ver as coisas. Só isso diminuiria o ódio e a agressão. O trabalho pela paz significa, primeiramente, ser paz. Nós confiamos um no outro. Nossos filhos estão confiando em nós para terem um futuro.

Cidadania

Enquanto cidadãos, nós temos uma grande responsabilidade. Nossas vidas cotidianas, a forma como bebemos, aquilo que comemos têm a ver com a situação política do mundo. Todo dia fazemos coisas, somos algo, que tem a ver com a paz. Se estivermos conscientes do nosso estilo de vida, da maneira pela qual consumimos, e observamos os fenômenos, nós saberemos como criar a paz já no momento em que vivemos. Nós acreditamos que o nosso governo é livre para fazer a política que desejar, mas sua liberdade depende da nossa vida cotidiana. Se possibilitarmos que eles mudem as políticas, eles farão isso. Agora isso ainda não é possível.

Você pode pensar que se entrasse no governo e obtivesse poder, seria capaz de fazer o que quisesse, mas isso não é verdade. Se você se tornasse um(a) presidente, você se confrontaria com uma situação difícil: você provavelmente faria quase exatamente a mesma coisa que o nosso atual presidente, talvez um pouco melhor, talvez um pouco pior.

Meditar significa contemplar profundamente os fenômenos a fim de compreender de que modo podemos nos transformar e transformar a nossa situação. Transformar a nossa situação também significa transformar as nossas mentes. Transformar nossas mentes também significa transformar a nossa situação, porque situação é mente, e mente é situação. Despertar é importante. A natureza das bombas, a natureza da injustiça e a natureza dos nossos próprios estados de ser são as mesmas coisas.

No momento em que nós mesmos começamos a viver de forma mais responsável, devemos pedir aos nossos líderes políticos para irem na mesma direção. Nós temos que estimulá-los a parar de poluir nosso meio ambiente e nossa consciência. Devemos ajudá-los a nomear assessores que compartilhem nossa maneira de pensar sobre a paz, para que eles possam se voltar para essas pessoas a fim de lhes pedir conselho e apoio. Isso exigirá um certo grau de esclarecimento da nossa parte a fim de apoiar nossos líderes políticos, especialmente quando estiverem fazendo campanha para o cargo público. Nós temos a oportunidade de falar sobre muitas coisas importantes, em vez de escolhermos os líderes pelo grau de beleza que aparentam exibir na televisão, e depois sentir-nos desesperançados pela falta de consciência deles.

Se escrevermos artigos e dermos discursos que expressem a nossa convicção de que os líderes políticos devem ser ajudados pelos praticantes da plena atenção, aqueles que têm um profundo sentimento de calma e paz e uma visão clara de como deve ser o mundo, começaremos a eleger líderes que possam nos ajudar a caminhar na direção da paz. O governo francês fez alguns esforços nesse sentido, indicando vários ecologistas e humanistas aos seus ministérios, como Bernard Cushman, que ajudou a resgatar pessoas de barco no Golfo do Sião. Esse tipo de atitude é um bom sinal.

A ecologia da mente

Nós precisamos de harmonia, precisamos de paz. A paz está baseada no respeito à vida, no espírito de reverência à vida. Não temos de respeitar somente a vida dos seres humanos, temos que respeitar também a vida dos animais, vegetais e minerais. As rochas podem estar vivas. Uma pedra pode ser destruída. O Planeta Terra também. A destruição da nossa saúde, pela poluição do ar e da água, está ligada à destruição dos minerais. A forma como cultivamos nossas fazendas, a maneira como lidamos com o nosso lixo, todas essas coisas se relacionam umas com as outras.

Ecologia deve ser uma ecologia profunda. Não somente profunda, como também universal, pois há poluição em nossa consciência. A televisão, por exemplo, é uma forma de poluição para nós e nossos filhos. Ela semeia sementes de violência e de ansiedade em nossos filhos e polui a consciência deles desde crianças, tal como destruímos o nosso meio ambiente com produtos químicos, derrubando árvores e poluindo a água. Nós precisamos proteger a ecologia da mente, ou esse tipo de violência e imprudência continuará afetando muitas outras áreas da vida.

As raízes da guerra

Em 1966, quando eu estava nos Estados Unidos, clamando por um cessar-fogo da guerra no Vietnã, durante uma palestra que eu estava dando, um jovem americano militante da paz levantou-se e gritou: "A melhor coisa que você pode fazer é voltar para o seu país e destroçar os agressores americanos! Você não deveria estar aqui. Sua presença aqui não serve para absolutamente nada!"

Ele e muitos americanos queriam paz, mas o tipo de paz que eles queriam era a derrota de um lado para satisfazer a raiva deles. Por terem reivindicado o cessar-fogo e não tido êxito, eles ficaram furiosos, e finalmente eram incapazes de aceitar qualquer solução aquém da derrota do seu próprio país. Mas nós vietnamitas, que estávamos sofrendo sob os bombardeios, tínhamos que ser mais realistas. Nós queríamos paz. Não nos importávamos se alguém sairia vitorioso ou derrotado. Só queríamos que as bombas parassem de cair sobre nós. Mas muita gente do movimento pela paz se opunha à nossa proposta de cessar-fogo imediatamente. Ninguém parecia compreender.

Então, quando eu ouvi aquele jovem senhor gritando: "Vá para casa e derrote os agressores americanos", eu respirei fundo várias vezes para me recuperar, e disse: "Senhor, parece que muitas das raízes da guerra estão aqui no seu país. Foi por isso que vim até aqui. Uma das raízes é sua maneira de ver o mundo. Ambos os lados são vítimas de uma política equivocada, uma política que acredita na força da violência para resolver problemas. Eu não quero que os vietnamitas morram, e eu também não quero que os soldados americanos morram".

As raízes da guerra estão na forma como vivemos nossas vidas cotidianas – a forma como desenvolvemos nossas indústrias, construímos nossa sociedade e consumimos os bens materiais. Tem que examinar a situação de maneira profunda, e assim veremos as raízes da guerra. Não podemos simplesmente culpar um lado ou o outro. Temos que transcender a predisposição de tomar partido.

Durante qualquer conflito, nós precisamos de pessoas que possam compreender o sofrimento de todos os lados. Por exemplo, se várias pessoas na África do Sul pudessem ir até ambos os lados e entender o sofrimento de cada um, e comunicar para o outro lado, isso ajudaria muito. Nós precisamos de elos. Nós precisamos de comunicação.

Praticar a não violência é, antes de mais nada, tornar-se não violento. Então, quando uma situação difícil se apresenta, nós vamos reagir de uma maneira que irá ajudar a situação. Isso se aplica aos problemas familiares bem como aos problemas da sociedade.

Como uma folha, temos muitas hastes

Num dia de outono, eu estava num parque, absorvido na contemplação de uma folhinha muito bonita, em forma de coração. Sua cor era quase vermelha, e mal se pendurava galho, estava prestes a cair. Passei muito tempo com aquela folhinha e lhe fiz várias perguntas. Eu descobri que aquela folhinha tinha sido uma mãe para a árvore. Normalmente pensamos que a árvore é a mãe e as folhas são apenas seus filhos, mas enquanto eu olhava para a folha, vi que a folha é também uma mãe para a árvore. A seiva que as raízes recolhem é somente água e minerais, que não são suficientes para nutrir a árvore. Então a árvore distribui essa seiva para as folhas, e as folhas transformam a seiva bruta em seiva elaborada e, com a ajuda do sol e gás, manda-a de volta para a árvore como alimento. As folhas, portanto, também são a mãe da árvore. Como a folha está ligada à árvore por uma haste, a comunicação entre eles é fácil de se ver.

Não temos mais uma haste nos ligando à nossa mãe, mas quando estávamos no ventre dela, tínhamos uma haste muito longa: o cordão umbilical. O oxigênio e a nutrição de que precisávamos chegava até nós por essa haste. Mas no dia em que nascemos, essa haste foi cortada, e tivemos a ilusão de que tínhamos ficado independentes. Isso não é verdade. Continuamos, por muito tempo, a contar com a nossa mãe e também temos muitas outras mães. A Terra é nossa mãe. Temos muitas hastes nos ligando à nossa Mãe Terra. Há hastes nos ligando às nuvens. Se não houver nuvens, não haverá água para nós bebermos. Nós somos compostos de pelo menos setenta por cento de água, e realmente existe uma haste entre a nuvem e nós. Este também é o caso do rio, da floresta, do madeireiro e do agricultor.

Há centenas de milhares de hastes nos ligando a tudo no cosmos, nos dando apoio e possibilitando a nossa existência. Você vê o elo entre você e eu? Se você não estiver aí, eu não estarei aqui. Isso é certo. Se você ainda não entende isso, por favor, contemple em maior profundidade e tenho certeza que entenderá.

Eu perguntei a folhinha se ela estava com medo, pois era outono e as outras folhas estavam caindo. A folhinha me disse: "Não. Durante toda a primavera e verão eu estava cheia de vida. Eu trabalhei muito ajudando a nutrir a árvore, e agora muito de mim está na árvore. Eu não sou limitada a esta forma. Eu também sou a árvore inteira, e quando eu voltar ao solo, continuarei a nutrir a árvore. Então eu não me preocupo de forma alguma. Enquanto parto desse galho e flutuo até o chão, eu vou acenar para a árvore e dizer a ela: 'Vou me encontrar com você novamente muito em breve'".

Naquele dia houve uma ventania e, depois de um tempo, eu vi a folha soltar-se do ramo e ir flutuando até o solo, dançando alegremente, pois enquanto flutuava ela já se via lá na árvore. Ela estava tão feliz! Eu curvei a cabeça para reverenciá-la, sabendo que tenho muito o que aprender com aquela folha.

Estamos todos ligados uns aos outros

Milhões de pessoas seguem esportes. Se você gosta de assistir futebol ou baseball, provavelmente torce por algum time e se identifica com o time. Pode ser que assista aos jogos com desespero e euforia. Talvez você dê um pequeno chute ou impulso para ajudar a bola ir para frente. Se você não tomar partido, falta diversão. Nas guerras também escolhemos lados, geralmente o lado que está sendo ameaçado. Movimentos pela paz nascem desse sentimento. Ficamos com raiva, gritamos, mas raramente nos elevamos acima de tudo isso para olhar o conflito do jeito que olharia uma mãe que está assistindo os seus dois filhos brigando. A mãe só procura a reconciliação deles.

"Para lutar uns contra os outros, os filhotes nascidos de uma mesma mãe galinha pinta os seus rostos." Esse é um dito popular vietnamita. Colorindo o próprio rosto nos transformamos num estranho para os nossos próprios irmãos e irmãs. Só conseguimos atirar nos outros quando são pessoas estranhas. Os verdadeiros esforços em prol da reconciliação surgem quando vemos com olhos compassivos, e esta capacidade surge quando vemos claramente a natureza interligada e de interpenetração de todos os seres.

Durante à vida, podemos ter sorte suficiente de conhecer alguém cujo amor se estende aos animais e plantas. Nós também podemos conhecer pessoas que, embora vivam numa situação segura, elas mesmas percebem que a fome, a doença e a opressão estão destruindo milhões de pessoas na Terra e procuram formas de ajudar aqueles que sofrem. Elas não conseguem esquecer os oprimidos, mesmo em meio às pressões de suas próprias vidas. Até certo ponto, pelo menos, essas pessoas compreenderam a natureza interdependente da vida. Elas sabem que a sobrevivência dos países subdesenvolvidos não pode existir separado da sobrevivência dos países materialmente ricos, e tecnicamente avançados. A pobreza e opressão trazem a guerra. Em nossos tempos, toda guerra envolve todos os países. O destino de cada país está ligado ao destino de todos os outros.

Quando será que os filhotes da mesma ave mãe vão remover as pinturas dos seus rostos e reconhecer um ao outro como irmãos e irmãs? A única maneira de acabar com o perigo é se cada um de nós assumir fazer isso, e dizer aos outros: "Eu sou seu irmão". "Eu sou sua irmã". "Nós somos todos humanidade, e nossa vida é uma só".

Reconciliação

O que podemos fazer quando tivermos ferido pessoas e agora elas nos consideram como inimigos seus? Essas pessoas podem ser gente da nossa família, da nossa comunidade ou de outro país. Acho que você sabe a resposta. Há poucas coisas a se fazer. A primeira delas é dizer calmamente: "Eu sinto muito, eu te machuquei por causa da minha ignorância, da minha falta de atenção, da minha inabilidade. Vou me empenhar ao máximo na minha transformação. E não mais me atreverei a falar assim com você sobre qualquer assunto". Às vezes, não temos a intenção de magoar, mas como não somos suficientemente atentos ou hábeis, ferimos alguém. Viver atento em nosso cotidiano é importante, falar de uma forma que não vai machucar ninguém.

A segunda coisa a ser feita, para nos transformarmos, é tentar pôr para fora o nosso melhor, a nossa flor. Essa é a única maneira de demonstrar o que você acabou de dizer. Quando você tiver se tornado bem-disposto e agradável, a outra pessoa logo notará. Então, quando houver uma oportunidade de se aproximar daquela pessoa, você pode ir a ela como uma flor e ela perceberá imediatamente que você está diferente. Pode ser que você não precise dizer coisa alguma. Só por lhe ver assim, ela vai lhe aceitar e perdoar. Isso é chamado de "falar com a vida e não apenas com palavras".

Quando você começa a ver que o seu inimigo está sofrendo, esse é o início de um *insight*. Ao ver dentro de si mesmo o desejo de que outra pessoa pare de sofrer, esse é um sinal de amor verdadeiro. Mas tenha cuidado. Às vezes você pode pensar que é mais forte do que realmente é. Para testar sua força real, tente se aproximar da outra pessoa para ouvi-la e conversar com ela, e você descobrirá imediatamente se a sua amorosa compaixão é real. Você precisa da outra pessoa a fim de testar. Se apenas meditar em algum princípio abstrato, como compreensão ou amor, pode ser que isso seja apenas sua imaginação e não verdadeira compreensão ou amor verdadeiro.

Reconciliar não significa assinar um acordo com fingimento e crueldade. A reconciliação se opõe a todas as formas de ambição, e não toma partido. A maioria de nós quer tomar partido em todo encontro ou conflito. Distinguimos o certo do errado baseados em evidências parciais ou boatos. Precisamos de indignação para agir, mas mesmo uma indignação justa e legítima não basta. Não faltam pessoas no mundo dispostas a atirar-se em ação. O que precisamos são pessoas capazes de amar, de não tomar partido, para que assim abarquem a realidade como um todo.

Temos que continuar a praticar a atenção plena e a reconciliação até sermos capazes de ver, como sendo nosso, o corpo de uma criança na Uganda ou Etiópia que é pele e osso; até que sejam nossas a fome e a dor física de todas as espécies. Desse modo, teremos realizado a não discriminação, o amor verdadeiro. Assim poderemos olhar para todos os seres com olhos compassivos, e trabalhar realmente para que o sofrimento seja aliviado.

Me chame pelos meus verdadeiros nomes

Em Plum Village, onde moro na França, nós recebemos muitas cartas, centenas por semana, dos campos dos refugiados em Singapura, Malásia, Indonésia, Tailândia e Filipinas. É muito doloroso lê-las, mas temos que fazê-lo, temos que estar em contato. Nós nos esforçamos ao máximo para ajudar, mas o sofrimento é enorme, e às vezes ficamos desanimados. Dizem que a metade das pessoas das embarcações morrem no oceano. Somente a metade delas chega às costas do sudeste da Ásia, e mesmo assim podem não estar à salvo.

Há muitas meninas jovens, gente das embarcações, que são estupradas por piratas do mar. Mesmo que as Nações Unidas e muitos países tentem ajudar o governo da Tailândia a prevenir esse tipo de pirataria, os piratas marítimos continuam a infligir muito sofrimento nos refugiados. Um dia, nós recebemos uma carta nos contando sobre uma jovem em um pequeno barco que foi violentada por um pirata tailandês. Ela tinha apenas doze anos, e pulou no oceano e se afogou.

Ao receber uma informação como essa, você fica logo com raiva do pirata. Você naturalmente fica do lado da garota. À medida que contempla mais profundamente você compreenderá isso de forma diferente. Se você toma o lado da menina, isso é fácil. Você só tem que pegar uma arma e atirar no pirata. Mas não podemos fazer isso. Durante a minha meditação, eu compreendi que se eu tivesse nascido na aldeia do pirata e sido criado nas mesmas condições que ele, haveria uma grande probabilidade de eu me tornar um pirata. Eu vi que muitos bebês nascem ao longo do Golfo de Siam, centenas todo dia, e se nós, educadores, assistentes sociais, políticos e outras pessoas, não fizermos algo sobre a situação, em vinte e cinco anos, alguns deles vão se tornar piratas do mar. Isso é certo. Se você ou eu tivéssemos nascido hoje nessas vilas de pescadores, poderíamos nos tornar piratas do mar em vinte e cinco anos. Se você pega uma arma e atira no pirata, você atira em todos nós, porque todos nós somos, até certo ponto, responsáveis por esta situação.

Depois de uma longa meditação, escrevi este poema. Nele, existem três pessoas: a menina de doze anos, o pirata e eu. Será que poderíamos olhar um para o outro e nos reconhecermos um no outro? O título do poema é *Please Call Me by My True Names* (Por favor, me chame pelos meus verdadeiros nomes), pois eu tenho tantos nomes! Quando ouço um desses nomes, tenho que dizer "Sim".

> Não diga que vou partir amanhã
> Pois até hoje eu ainda estou chegando.
>
> Olhe profundamente: eu chego em cada segundo
> para ser um broto num galho de primavera,
> ser um minúsculo passarinho, com asas ainda
>   frágeis,
> aprendendo a cantar no meu novo ninho,
> ser uma lagarta no coração de uma flor,
> ser uma joia se escondendo numa pedra.
>
> Eu ainda estou chegando, para rir e chorar,
> para ter medo e esperança.
> O ritmo do meu coração é o nascimento e
> morte de todos os que estão vivos.
>
> Eu sou a efemérida metamorfoseando na superfície do rio,
> e eu sou o pássaro que, quando chega a primavera,
>   chega a tempo
> de comer a efemérida.

Sou a rã nadando feliz na lagoa límpida,
e também sou a cobra da grama que, aproximando-se em silêncio,
se alimenta da rã.

Sou a criança em Uganda, só pele e osso,
minhas pernas finas como varas de bambu,
e sou os braços do comerciante de armas, vendendo armas mortíferas para Uganda.

Sou a menina de doze anos de idade, refugiada num pequeno barco,
que se joga no oceano depois de ter sido estuprada por um pirata do mar,
e sou o pirata, com meu coração ainda incapaz de compreender e amar.

Sou um membro do comitê politburo, com bastante poder em minhas mãos,
e sou o homem que tem que pagar sua 'dívida de sangue' ao meu povo,
morrendo lentamente num campo de trabalhos forçados.

Minha alegria é como a primavera, tão quente que faz com que flores brotem em todas as formas de vida.
Minha dor é como um rio de lágrimas, tão vasta que enche os quatro oceanos.

Por favor, me chame pelos meus verdadeiros nomes
Para que eu possa ouvir os meus choros e risos de uma vez só,
Para que eu possa compreender que a minha alegria e dor são uma só.

Por favor, me chame pelos meus verdadeiros nomes
Para que eu possa despertar
e a porta do meu coração poder ficar aberta,
a porta da compaixão.

Sofrer nutre compaixão

Nós estivemos praticando o "budismo engajado" no Vietnã durante os últimos trinta anos. Durante a guerra, não podíamos simplesmente sentar na sala de meditação. Nós tínhamos que praticar atenção plena em todo lugar, especialmente onde estava acontecendo o pior sofrimento.

Entrar em contato com o tipo de sofrimento que encontrávamos durante a guerra pode nos curar de alguns dos sofrimentos que experimentamos quando nossas vidas não estão sendo muito significativas ou úteis. Quando você se depara com os tipos de dificuldades que enfrentávamos durante a guerra, você constata que pode ser uma fonte de compaixão e uma grande ajuda para muita gente que está sofrendo. Naquele sofrimento intenso, você sente, dentro de si, um tipo de alívio e de alegria por saber que você é um instrumento de compaixão. Ao entender a intensidade de tamanho sofrimento e realizar a compaixão em meio ao sofrimento, você se torna uma pessoa alegre, mesmo sua vida sendo muito difícil.

No inverno passado, alguns amigos e eu fomos visitar os campos de refugiados em Hong Kong, e testemunhamos muito sofrimento. Havia "gente das embarcações" com apenas um ou dois anos de idade, e que estavam prestes a serem enviados de volta ao seu país, porque tinham sido classificados como imigrantes ilegais. Eles tinham perdido pai e mãe durante a viagem. Quando vê esse tipo de sofrimento, você sabe que não é muito grande o sofrimento que seus amigos estão atravessando na Europa e Estados Unidos.

Após termos tido um contato desses, toda vez que regressamos a Paris vemos que a cidade não é muito real. É muito diferente a maneira como as pessoas vivem lá e a realidade do sofrimento em outras partes do mundo. Eu fiz um questionamento: como as pessoas poderiam viver desse jeito quando as coisas são de outro jeito? Mas se permanecer dez anos em Paris sem entrar em contato com aquele outro mundo, você acha normal.

A meditação é um ponto de contato. Às vezes você não precisa ir até o local do sofrimento. Você simplesmente senta na sua almofada, em silêncio, e pode compreender tudo. Você pode efetivar tudo e ficar ciente do que está acontecendo no mundo. A partir desse tipo de consciência, a compaixão e compreensão surgem naturalmente, e você pode ficar bem em seu próprio país e desempenhar ação social.

Amor em ação

Durante nossa jornada, eu apresentei várias práticas que nos ajudam a manter a plena atenção do que está acontecendo dentro de nós e diretamente à nossa volta. Agora, à medida que seguimos nosso caminho pelo mundo afora, há outras diretrizes adicionais que podem nos ajudar e nos proteger. Diversos membros da nossa comunidade estiveram praticando os princípios que se seguem, e eu também acho que você pode utilizá-los ao fazer escolhas de como viver em nosso mundo contemporâneo. Nós os chamamos de os catorze preceitos da Ordem do Interser (Order of Interbeing).

1) Não seja idólatra ou dominado por qualquer doutrina, teoria ou ideologia. Todos os sistemas de pensamento são meios norteadores; não são verdades absolutas.

2) Não pense que o conhecimento que você tem hoje é imutável, uma verdade absoluta. Evite ser intolerante e comprimido aos pontos de vistas atuais. Aprenda e pratique não se apegar às visões a fim de estar aberto para aceitar os pontos de vista dos outros. A verdade se encontra na vida e não meramente em conhecimentos conceituais. Esteja pronto para aprender durante a vida inteira, observando a realidade, em si mesmo e no mundo, em todos os momentos.

3) Não force os outros, inclusive as crianças, de nenhuma maneira, a adotar os seus pontos de vista, seja através da autoridade, ameaça, dinheiro, propaganda ou até mesmo educação. No entanto, através do diálogo compassivo, ajude os outros a renunciarem o fanatismo e a mentalidade estreita.

4) Não evite contato com o sofrimento, nem feche os olhos diante do sofrimento. Não perca a consciência do sofrimento da vida no mundo. Encontre maneiras de estar com aqueles que estão sofrendo, de todo jeito, inclusive através do contato pessoal e visitas, imagens e sons. Por esses meios, desperte você mesmo e os outros para a realidade do sofrimento no mundo.

5) Não acumule riqueza enquanto milhões estiverem passando fome. Não tome como o objetivo da sua vida a fama, o lucro, a riqueza ou prazeres dos sentidos. Viva de forma simples e compartilhe seu tempo, energia e recursos materiais com os que estão em necessidade.

6) Não guarde raiva ou ódio. Aprenda a penetrá-los e transformá-los enquanto ainda são sementes na sua consciência. Logo que a raiva ou o ódio surgirem, volte sua atenção para sua respiração a fim de entender a natureza da sua raiva ou ódio e a natureza das pessoas que causaram a sua raiva ou ódio.

7) Não se perca em desatenção de si mesmo e do seu entorno. Pratique a respiração consciente a fim de voltar-se ao que está acontecendo no momento presente. Esteja em contato com o que é maravilhoso, revigorante e saudável em você mesmo e ao seu redor. Plante as sementes da alegria, paz e compreensão em si mesmo, a fim de facilitar o trabalho de transformação nas profundezas da sua consciência.

8) Não pronuncie palavras que possam criar discórdia e causar um rompimento na comunidade. Esforce-se ao máximo para reconciliar e resolver todos os conflitos, por menores que sejam.

9) Não diga mentiras, seja por interesse pessoal ou para impressionar as pessoas. Não pronuncie palavras que causam divisão e ódio. Não espalhe notícias que você não sabe se são verídicas. Não critique ou condene coisas das quais você não

tem certeza. Sempre fale com sinceridade e de forma construtiva. Tenha a coragem de se manifestar livremente sobre situações de injustiça, mesmo quando isso possa ameaçar sua própria segurança.

10) Não use a comunidade religiosa para obter ganho pessoal ou lucro, nem transforme sua comunidade em um partido político. Uma comunidade religiosa deve, entretanto, tomar uma posição clara contra a opressão e a injustiça, e deve se esforçar para mudar a situação sem se engajar em conflitos partidários.

11) Não ganhe seu sustento através de uma atividade que seja prejudicial aos seres humanos e à natureza. Não invista em empresas que privam os outros da oportunidade de eles viverem. Escolha uma profissão que ajude a realizar o seu ideal de compaixão.

12) Não mate. Não permita que os outros matem. Encontre quaisquer meios que sejam de proteger vidas e impedir a guerra.

13) Não se aproprie de coisa alguma que possa pertencer aos outros. Respeite a propriedade alheia, mas impeça que os outros se enriqueçam do sofrimento humano ou do sofrimento de outros seres.

14) Não maltrate o seu corpo. Aprenda a trata-lo com respeito. Não considere o seu corpo apenas como um instrumento. Preserve suas energias vitais para a realização do Caminho. A expressão sexual não deve acontecer sem amor e compromisso. Nas relações sexuais, esteja ciente do sofrimento futuro que podem ser causados. Preserve a felicidade dos outros, respeitando os direitos e compromissos dos outros. Esteja plenamente ciente da responsabilidade de trazer novas vidas ao mundo. Medite sobre o mundo para o qual você está trazendo novos seres.

O rio

Era uma vez um belo rio que passeava entre colinas, florestas e prados. Ele começou como um alegre córrego d´água, uma fonte sempre dançante e cantante descendo ligeiro desde o topo da montanha. O rio era muito jovem nesse tempo, e desde que chegou à planície, diminuiu sua velocidade. Ele pensava em ir até o oceano. Na medida em que crescia, ele aprendeu a ter um lindo visual, dando voltas graciosamente entre as colinas e prados.

Um dia, o rio notou que havia nuvens dentro dele – nuvens de todos os tipos, cores e formas. E nesse período, o rio deixou de fazer qualquer coisa, exceto correr atrás das nuvens. Ele queria possuir uma nuvem, ter uma só para ele. Mas as nuvens flutuam e se deslocam pelo céu, sempre mudando de forma. Às vezes se parecem com um sobretudo, outras vezes, com um cavalo. Por causa da natureza mutante das nuvens, o rio sofria muito. O seu prazer e alegria tinham se tornado apenas perseguir as nuvens, uma após a outra, mas o desespero, a raiva e o ódio tornaram-se sua vida.

Então um dia, veio um vento forte que afugentou todas as nuvens do céu. O céu ficou totalmente vazio. O nosso rio achava que não valia a pena viver, já que não havia mais uma nuvem sequer a ser perseguida. Ele queria morrer. "Se não há nuvens, por que eu devo viver?" Mas como poderia um rio tirar a sua própria vida?

Naquela noite, pela primeira vez, o rio teve a oportunidade de voltar-se para dentro de si. Há tempos ele vinha correndo atrás de algo fora de si mesmo, que ele mesmo nunca tinha visto. Naquela noite, pela primeira vez, ele teve a oportunidade de ouvir o próprio choro, os sons da água batendo contra os barrancos. Por ter sido capaz de ouvir sua própria voz, o rio descobriu algo muito importante.

Ele compreendeu que o que esteve procurando já estava dentro de si mesmo. Ele descobriu que as nuvens são nada além de água. As nuvens nascem da água e retornarão à água. Ele descobriu que ele mesmo também era água.

Na manhã seguinte, quando o sol estava no céu, o rio descobriu algo belo. Pela primeira vez, ele avistou o céu azul. Ele nunca tinha notado o céu antes. Por estar somete interessado em nuvens, tinha deixado de ver o céu, que é a morada das nuvens. As nuvens não permanecem as mesmas, mas o céu é estável. O rio percebeu que, desde o início, o imenso céu esteve dentro de seu coração. Essa grande sacada lhe proporcionou paz e felicidade. Enquanto apreciava o vasto e maravilhoso azul do céu, ele sabia que nunca mais perderia sua paz e estabilidade.

Naquela tarde, as nuvens regressaram, só que dessa vez o rio não mais queria possuir nenhuma delas. Ele podia ver a beleza de cada nuvem, e foi capaz de dar boas-vindas a todas elas. Quando uma nuvem se aproximava, ele a cumprimentava com amorosa bondade. Quando aquela nuvem queria ir embora, o rio acenava para a nuvem feliz da vida e com amorosa bondade. Ele tinha compreendido que todas as nuvens são ele. Ele não teve que escolher entre as nuvens e ele próprio. Havia paz e harmonia entre o rio e as nuvens.

Naquela noite, algo maravilhoso aconteceu. Quando o rio abriu seu coração totalmente para o céu noturno, e recebeu a imagem da lua cheia – bela, redonda, como uma joia em si mesma. Ele nunca tinha imaginado que poderia receber uma imagem tão linda como aquela. Há um poema chinês muito lindo: "A bela e recém-chegada lua viaja no céu da vacuidade máxima. Quando os "rios mentais" dos seres vivos estão livres, essa linda imagem da lua refletirá em cada um de nós".

Era essa a mente do rio naquele momento. Ele recebeu a imagem daquela linda lua no seu coração, e a água, as nuvens, e a lua deram as mãos e saíram caminhando em meditação, lentamente, até o oceano.

Nada existe para ser perseguido. Podemos nos voltar para dentro de nós, apreciar nossa respiração, o nosso sorriso, a nós mesmos e a beleza do nosso meio ambiente.

Entrando no século XXI

A palavra "política" está sendo muito usada, hoje em dia. Parece haver uma política para quase tudo. Eu ouvi dizer que as ditas nações desenvolvidas estão estudando um programa político para o lixo a fim de enviar, em enormes barcaças, os seus lixos ao Terceiro Mundo.

Eu acho que precisamos de uma "política" para gerir nosso sofrimento. Não queremos fechar os olhos pra isso, mas sim encontrar uma maneira de usar o sofrimento para o nosso bem e o bem dos outros. Houve muito sofrimento no século XX: duas guerras mundiais, campos de concentração na Europa, os campos de extermínio do Camboja, refugiados do Vietnã, da América Central e de outros lugares fugindo dos seus países sem terem onde aportar. Nós também precisamos articular um plano de ação para esses tipos de lixo. Precisamos usar o sofrimento do século XX como adubo, para que juntos possamos criar flores para o século XXI.

Quando vemos fotografias e vídeos sobre as atrocidades dos nazistas, das câmeras de gás e dos campos, sentimos medo. Podemos dizer: "Não fui eu quem fez isso; foram eles que fizeram". Mas se estivéssemos lá, pode ser que tivéssemos feito a mesma coisa, ou talvez tivéssemos sido covardes demais para tentar impedir aquilo, como foi o caso de muita gente. Nós temos que colocar todas essas coisas em nosso monte de adubo para fertilizar o solo. Hoje em dia, jovens alemãs têm um tipo de complexo: o de serem, de alguma forma, os responsáveis por aquele sofrimento.

É importante que esses jovens e a geração responsável pela guerra recomecem de uma nova maneira[1], e juntos criem um caminho de vida consciente para que os nossos filhos e filhas possam não repetir os mesmos erros no próximo século. A flor da tolerância para compreender e apreciar a diversidade cultural é uma flor que podemos cultivar em prol das crianças do século vinte e um. Outra flor é a verdade do sofrimento – tem havido tanto sofrimento desnecessário em nosso século. Se estivermos dispostos a trabalhar juntos e aprender juntos, todos nós podemos nos beneficiar dos erros do nosso tempo e, vendo com olhos compassivos e compreensivos, podemos oferecer ao próximo século um lindo jardim e um caminho desobstruído.

Pegue a mão da sua filha e convide-a a sair e a sentar-se na grama com você. Vocês duas podem querer contemplar o verde pasto, as pequenas flores que crescem entre as gramíneas e o céu. Respirar e sorrir juntos significa educação pela paz. Se soubermos apreciar a beleza dessas coisas, nós não teremos que procurar por mais nada. A paz está disponível a todo momento, em cada respiração, em cada passo.

Eu gostei de estarmos juntos nesta jornada. Espero que você tenha gostado também. Vamos nos ver de novo.

---

[1] Recomeçar de uma nova maneira (*Beginning Anew*) é uma prática de reconciliação realizada nas comunidades de Plum Village.

LEIA TAMBÉM:

Budismo tibetano
Abordagem prática de seus fundamentos para a vida moderna

B. Alan Wallace

O *Budismo tibetano* é uma das muitas tradições espirituais que se desenvolveram a partir das palavras ensinadas pelo Buda histórico, há cerca de 2.500 anos. A palavra sânscrita *Dharma*, para a qual não existe equivalente adequado nas línguas ocidentais, refere-se à compreensão e ao comportamento que levam à eliminação do sofrimento e suas fontes e à experiência de um estado duradouro de felicidade e realização.

Essa obra resulta de várias exposições feitas pelo autor a públicos ocidentais visando transmitir de forma compreensível os ensinamentos básicos do budismo tibetano, e progredindo gradualmente para teorias e práticas mais sutis e avançadas. Trata-se de uma excelente introdução, prática como um guia, para leitores sem qualquer base anterior ao budismo tibetano.

B. Alan Wallace, PhD, tem pesquisado e praticado o budismo há mais de 40 anos e tem realizado *workshops* e retiros de "yoga dos sonhos" há mais de 20 anos. Além de ter sido monge budista tibetano e ter formação em Física, é um respeitado estudioso da religião. É o fundador do Santa Barbara Institute for Consciousness Studies e autor de vários livros, incluindo *Embracing Mind: The common Ground of Science and Spirituality*; *A revolução da atenção* (Vozes, 2008) e *Despertar no sonho* (Vozes, 2014).

Conecte-se conosco:

f facebook.com/editoravozes

◉ @editoravozes

X @editora_vozes

▶ youtube.com/editoravozes

☎ +55 24 2233-9033

www.vozes.com.br

Conheça nossas lojas:

www.livrariavozes.com.br

Belo Horizonte – Brasília – Campinas – Cuiabá – Curitiba
Fortaleza – Juiz de Fora – Petrópolis – Recife – São Paulo

  Vozes de Bolso

EDITORA VOZES LTDA.
Rua Frei Luís, 100 – Centro – Cep 25689-900 – Petrópolis, RJ
Tel.: (24) 2233-9000 – E-mail: vendas@vozes.com.br